中国棉花产业发展研究报告
(2021年)

主 编 周万怀 刘从九 徐守东
副主编 李 浩 张雪东 梁后军

中国商业出版社

图书在版编目(CIP)数据

中国棉花产业发展研究报告.2021年 / 周万怀，刘从九，徐守东主编.-- 北京：中国商业出版社，2021.11

ISBN 978-7-5208-1851-3

Ⅰ.①中… Ⅱ.①周… ②刘… ③徐… Ⅲ.①棉花－产业发展－研究报告－中国－2021 Ⅳ.①F326.12

中国版本图书馆CIP数据核字(2021)第214371号

责任编辑：刘毕林

中国商业出版社出版发行
010-63180647　www.c-cbook.com
(100053　北京广安门内报国寺1号)
新华书店经销
蚌埠市广达印务有限公司印刷

*

787毫米×1092毫米　16开　10印张　249千字
2021年11月第1版　2021年11月第1次印刷
定价：68.00元

* * *
(如有印装质量问题可更换)

中国棉花产业发展研究报告(2021年)编委会

主　　　任	丁忠明　冯德连
副 主 任	秦立建　方　鸣
委　　　员	丁忠明　冯德连　秦立建　方　鸣
	刘从九　计　慧　李　想　刘从九
	唐　敏　徐守东　董晓波　周万怀
秘　　　书	徐冠宇
主　　　编	周万怀　刘从九　徐守东
副 主 编	李　浩　张雪东　梁后军
参编人员	熊宗伟　胡春雷　杨照良　张若宇
	王　扬　吴晓红　李孝华　何锡玉
	阮旭良　王瑞霞　韩　金　杨丙生
	关纪培　钱　欣　魏　兵　程远欣
	谭志芳　李梦辉　孙　科　刘　洋

序

安徽财经大学是一所以经济学、管理学、法学为主，跨文学、理学、工学、史学、艺术学等八大学科门类，面向全国招生和就业的多科性高等财经院校。作为一所安徽省重点建设大学和中华全国供销合作总社重点智库，加强智库建设、服务经济社会发展无疑是我们必须承载的重要任务。2013年我校首次公开出版了《中国合作经济发展研究报告（2013年）》，得到了农业农村部（原农业部）、中华全国供销合作总社领导的批示与肯定。此后每年出版的《中国合作经济发展研究报告》《中国供销合作经济发展研究报告》和《中国棉花产业发展研究报告》皆受到相关部门和社会各界的高度评价。

此次出版的《中国棉花产业发展研究报告（2021年）》是我们与中国棉花协会棉花工业分会、中国棉麻流通经济研究会和全国棉花加工标准化技术委员会等单位紧密合作，共同组织策划，由我校中国合作社研究院、管理科学与工程学院共同组建以教授、博士和资深从业人员为主体的棉花协同创新团队，经过一年左右深入调查研究所形成的研究成果。报告以权威性、专业性的视角，从棉花种植与生产、棉花加工、棉花质量、棉花消费与贸易和棉花产业研究动态等方面，以权威数据为基础深入分析，盘点过去、评述现在、展望未来，期待能为行业提供借鉴。近几年，随着中美贸易摩擦的不断升级，国外一些势力基于捏造的谎言试图以新疆棉花为突破口，打击国内棉花产业、纺织产业以及相关产业链。在此背景下强化我国棉花产业研究，无论从棉花产业本身还是从棉花全产业链角度均具有重大的经济效益和社会效益，对保护国家棉花产业安全具有重要战略意义。

由于系统深入跟踪研究我国棉花产业发展涉及面广，加之新冠疫情背景下，时间更紧、任务更重，不足之处在所难免，敬请社会各界专家、学者和相关从业人员批评指正。

安徽财经大学党委书记、校长　丁忠明
2021年9月

前　言

棉花既是重要的纺织原材料，又是重要的战略物资，被广泛应用于纺织、医疗和军事等领域，棉花还与上游的农机制造、农资生产等产业紧密关联。在当前国际政治与经济环境下，国外一些势力基于捏造的谎言试图以新疆棉花为突破口，打击国内棉花产业、纺织业以及相关产业链。在此背景下，持续深入研究我国棉花产业的发展状况不仅具有重大的经济和社会效益，还具有重要的战略意义。

《中国棉花产业发展研究报告（2021年）》由5个部分组成，分别为棉花种植与生产、棉花加工、棉花质量监测、棉花消费与贸易以及涉棉科研前沿与动态。棉花种植与生产部分基于多项官方权威数据详细分析了国内外棉花播种面积、籽棉产量和皮棉产量等信息及变化趋势；棉花加工部分详述了当前我国棉花加工业概况、加工企业数量、产能及分布，主要加工设备的性能参数、技术水平与缺陷等，此外还介绍了棉副产品深加工发展概况及存在的问题；棉花质量监测部分介绍了近年来我国棉花质量监测概况、公证检验质量分析概况以及近年来国内棉花综合质量变化概况，分析了当前棉花质量方面存在的问题，提出了相关的对策和建议；棉花消费与贸易部分主要基于世界粮农组织、中华人民共和国国家统计局、中华人民共和国农业农村部以及美国农业部等官方权威数据分析了近年来的棉花进出口贸易概况、棉花价格走势、棉花仓储和棉花消费情况；产业研究动态部分详细列举了近年来国内在棉花领域的科研投入和产出情况，具体从项目、论文和专利三个方面分析了当前国内棉花相关科学研究整体状况及水平和存在的问题，为相关职能部门和机构提供借鉴和参考。

本报告在撰写过程中得到了中国棉花协会、中国科学院棉花研究所、中国棉花协会棉花工业分会、全国棉花加工标准化技术委员会、中华全国供销合作总社郑州棉麻工程技术设计研究所、中华棉花集团有限公司、北京智棉科技有限公司、邯郸金狮棉机有限公司、南通棉机有限公司、南通御丰塑钢包装有限公司和晨光生物科技集团有限公司等部门的大力支持，在此一并表示感谢！

安徽财经大学　周万怀
2021年8月

目 录

第1章 棉花种植与生产报告 (1)
    1.1 国内棉花种植与产量 (1)
    1.2 国际棉花种植与产量 (9)
    1.3 棉花品种 (29)
    1.4 小 结 (33)

第2章 棉花加工报告 (34)
    2.1 棉花加工业概况 (34)
    2.2 加工产能概况 (35)
    2.3 锯齿轧花机发展现状、存在问题及发展方向 (36)
    2.4 剥绒机发展现状、存在问题及发展方向 (37)
    2.5 采棉机发展现状、存在问题及发展方向 (38)
    2.6 籽(皮)棉清理机发展现状及存在的问题 (39)
    2.7 棉花调湿成套设备现状及存在的问题 (46)
    2.8 棉花打包机的发展现状 (48)
    2.9 棉花包装材料新技术及质量管理 (50)
    2.10 棉包自动刷唛发展现状及未来前景 (53)
    2.11 棉副产品及深加工产业现状及存在的问题 (56)
    2.12 小 结 (59)

第3章 棉花质量监测报告 (60)
    3.1 数据来源与背景介绍 (60)
    3.2 棉花质量分析 (61)
    3.3 小 结 (79)

第4章 棉花消费与贸易报告 (80)
    4.1 棉花进出口贸易 (80)
    4.2 棉花价格 (85)
    4.3 棉花仓储 (87)
    4.4 棉花消费 (89)
    4.5 小 结 (91)

第5章 产业研究动态 (92)
    5.1 科研项目 (92)
    5.2 论文发表 (106)
    5.3 专利授权 (116)

5.4　小　结 ·· (132)
附　录　2020/2021年度棉花行业大事记 ·· (133)
　　附录1　完善棉花加工工业标准体系 ··· (133)
　　附录2　推进标准国际化工作 ·· (135)
　　附录3　完善棉花物流标准体系 ··· (136)
　　附录4　建立棉花产业服务指标与评估体系 ··· (137)
　　附录5　开展系列公益讲座和线上培训活动 ··· (138)
　　附录6　提高标准制修订水平 ·· (139)
　　附录7　中国棉花协会标准化工作委员会成立 ··· (140)
　　附录8　中国棉花加工行业产业发展报告 ·· (141)
　　附录9　全国棉花加工标准化技术委员会2020年度工作会议 ····················· (142)
　　附录10　中国棉花协会四届五次理事会 ··· (143)
　　附录11　中国棉花协会参加国际棉花协会合作委员会咨询组会议 ·············· (144)
　　附录12　中国棉花协会与国际棉花协会举行视频会议 ······························ (145)
　　附录13　中国棉花协会与美国国家棉花总会举行视频会议 ······················· (146)
　　附录14　中国棉花协会与海关总署税收征管局签署合作备忘录 ················· (147)
　　附录15　中国棉花协会参加2020国际棉花协会合作委员会年会 ················ (148)
　　附录16　2020中国棉业发展高峰论坛 ·· (149)

第1章 棉花种植与生产报告

1.1 国内棉花种植与产量

1.1.1 近年国内棉花种植分布概况

源自国家统计局的数据显示,2016—2020年我国棉花播种面积整体状况如图1-1所示。可见,2016—2018年我国棉花播种面积整体呈现上升趋势,于2018年播种面积达到近年播种面积的峰值,较2016年上升4.88%。2019年起开始小幅回落,到2020年棉花播种面积由2018年的高峰3354.41千公顷下降至3169千公顷,下降幅度为5.53%。另据纺织网引用农业农村部棉花供需形势分析数据显示,2021年全国棉花播种面积进一步缩减至约3107千公顷,相较于2020年下降了2%[①]。

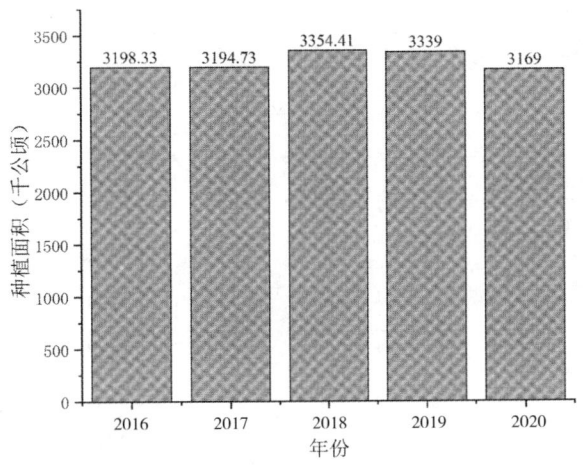

图1-1 2016—2020年我国棉花播种面积

表1-1列举了2016—2020年全国各省份棉花播种面积情况。可以看出2016年全国共有28个省份(包含自治区和直辖市)种植棉花,其中播种面积在100千公顷以上的省份有6个,分别为新疆维吾尔自治区、河北省、山东省、湖北省和湖南省;2017年全国种植棉花的省份降

---

① 纺织网.农业农村部:2021年8月棉花供需形势分析[EB/OL]. http://info.texnet.com.cn/detail-864866.html.2021.8.12.

至19个、缩减32.14%,其中播种面积在100千公顷以上的省份有4个、降幅33.33%,湖南省棉花种植规模缩减至100千公顷以下;2018年全国种植棉花的省份为23个,但部分省份的棉花种植面积逐年下降,到2020年,全国种植棉花的省份下降至15个;截至2020年,全国棉花播种面积超过100千公顷的省份有新疆维吾尔自治区、河北省、山东省、湖北省。

表1-1　2016—2020年全国各省份棉花播种面积概况

序号	省份	年度播种面积(/千公顷)				
		2016年	2017年	2018年	2019年	2020年
1	新疆维吾尔自治区	2059.60	2217.47	2491.30	2540.50	2501.90
2	河北省	230.86	220.60	210.39	203.89	189.20
3	山东省	279.13	174.67	183.27	169.28	142.90
4	湖北省	204.96	204.80	159.26	162.83	129.70
5	安徽省	110.06	88.13	86.30	60.30	51.20
6	湖南省	106.50	95.67	63.90	63.00	59.50
7	江西省	67.04	69.00	46.69	42.70	35.00
8	河南省	50.03	40.00	36.68	33.80	16.20
9	甘肃省	29.11	15.22	19.40	21.53	19.33
10	江苏省	31.70	21.00	16.60	11.60	8.40
11	天津市	12.93	20.67	17.10	14.11	8.80
12	陕西省	12.04	8.47	6.92	5.46	0.00
13	浙江省	5.62	4.53	5.71	5.62	4.80
14	四川省	4.53	4.40	4.03	2.85	2.30
15	山西省	3.53	2.87	2.58	2.26	1.10
16	广西壮族自治区	1.54	1.27	1.21	1.11	1.10
17	贵州省	1.84	1.40	0.65	0.44	0.00
18	上海市	0.34	0.40	0.09	0.06	0.00
19	内蒙古自治区	0.22	0.00	0.08	0.07	0.00
20	福建省	0.11	0.10	0.09	0.05	0.00
21	广东省	0.26	0.00	0.00	0.00	0.00
22	云南省	0.08	0.00	0.02	0.01	0.00
23	辽宁省	0.07	0.00	0.01	0.01	0.00
24	北京市	0.04	0.00	0.01	0.01	0.00
25	重庆市	0.05	0.00	0.00	0.00	0.00
26	宁夏回族自治区	0.04	0.00	0.00	0.00	0.00
27	西藏自治区	0.04	0.00	0.00	0.00	0.00
28	海南省	0.02	0.00	0.00	0.00	0.00
29	黑龙江省	0.00	0.00	0.00	0.00	0.00
30	吉林省	0.00	0.00	0.00	0.00	0.00

续表

序号	省份	年度播种面积(/千公顷)				
		2016年	2017年	2018年	2019年	2020年
31	青海省	0.00	0.00	0.00	0.00	0.00
32	台湾省	—	—	—	—	—
33	香港特别行政区	—	—	—	—	—
34	澳门特别行政区	—	—	—	—	—

(1)各省份棉花播种面积变化趋势

图1-2展示了2016—2020年全国各省份棉花播种面积变化趋势。结合表1-1中的数据可以发现,除新疆外,其他省份棉花种植规模均呈现缩减趋势。如位居第2位的河北省棉花种植规模从2016年的230.86千公顷下降至2020年的189.2千公顷,总降幅为18.05%,年均降幅为4.85%;位居第3位的山东省棉花种植规模从2016年的279.13千公顷下降至2020年的142.9千公顷,总降幅为48.81%,年均降幅为15.42%;位居第4位的湖北省棉花种植规模从2016年的204.96千公顷下降至2020年的129.7千公顷,总降幅为36.72%,年均降幅为10.81%;位居第5位的安徽省棉花种植规模从2016年的110.06千公顷下降至2020年的51.2千公顷,总降幅为54.48%,年均降幅为17.41%。其他省份的棉花种植规模也出现与以上4个省份类似的下降趋势,此处不再一一赘述。

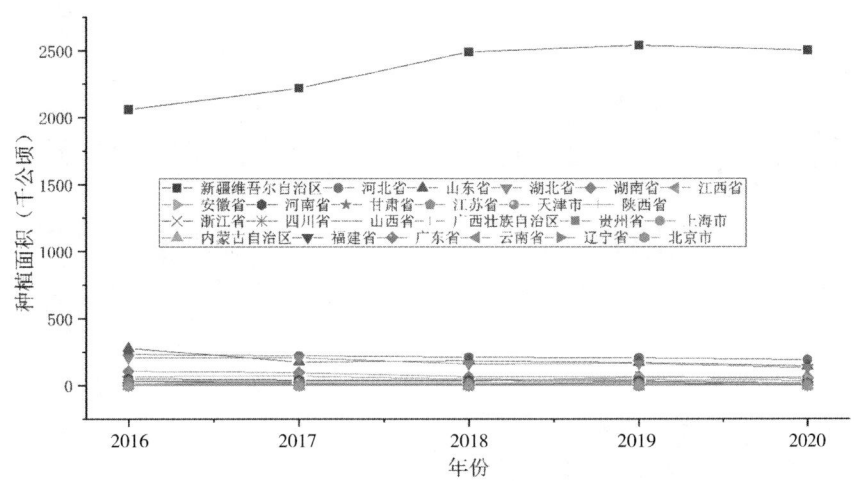

图1-2 2016—2020年全国各省份棉花播种面积变化趋势
(为了简化图表,播种面积为0的省份未出现在该图中)

(2)规模以上种植省份占比变化趋势

图1-3和表1-2详细展示了主要产棉省份在棉花播种面积方面的占比情况。将播种面积排名前5位的省份各自独立分析,排名在前5之外的省份归类为其他省份并将它们的棉花播种面积求和。由图1-3可以看出,排名第1位的主产区的棉花播种面积占比在2016—2020年逐年上升,结合1.1.1节中的数据可知原因在于2016—2020年,排名第1位的新疆棉花播种面

积处于上升的趋势,此外国内的其他主要产棉区的棉花播种面积又均在下降,故而新疆的棉花播种面积的占比得以快速提升;相反,排名第 2~5 位的棉花主产区以及其他棉花产区的棉花播种面积占比在 2016—2020 年逐年降低,而新疆的棉花播种面积又有所增加,故而其他产区的棉花播种面积占比快速下降。由表 1-2 可以看出,新疆棉花播种面积占比由 2016 年的 64.12% 上升至 2020 年的 78.89%,河北棉花播种面积占比由 2016 年的 7.19% 下降至 2020 年的 5.97%,山东棉花播种面积占比由 2016 年的 8.69% 下降至 2020 年的 4.51%,湖北棉花播种面积占比由 2016 年的 6.38% 下降至 2020 年的 4.09%,安徽棉花播种面积占比由 2016 年的 3.43% 下降至 2020 年的 1.61%,其他省份棉花播种面积占比从 2016 年的 10.20% 下降至 2020 年的 4.94%;总体而言,排名前 5 位的主产省份的棉花播种面积占比由 2016 年的 89.8% 上升至 2020 年的 95.06%,棉花生产呈现快速集中趋势。

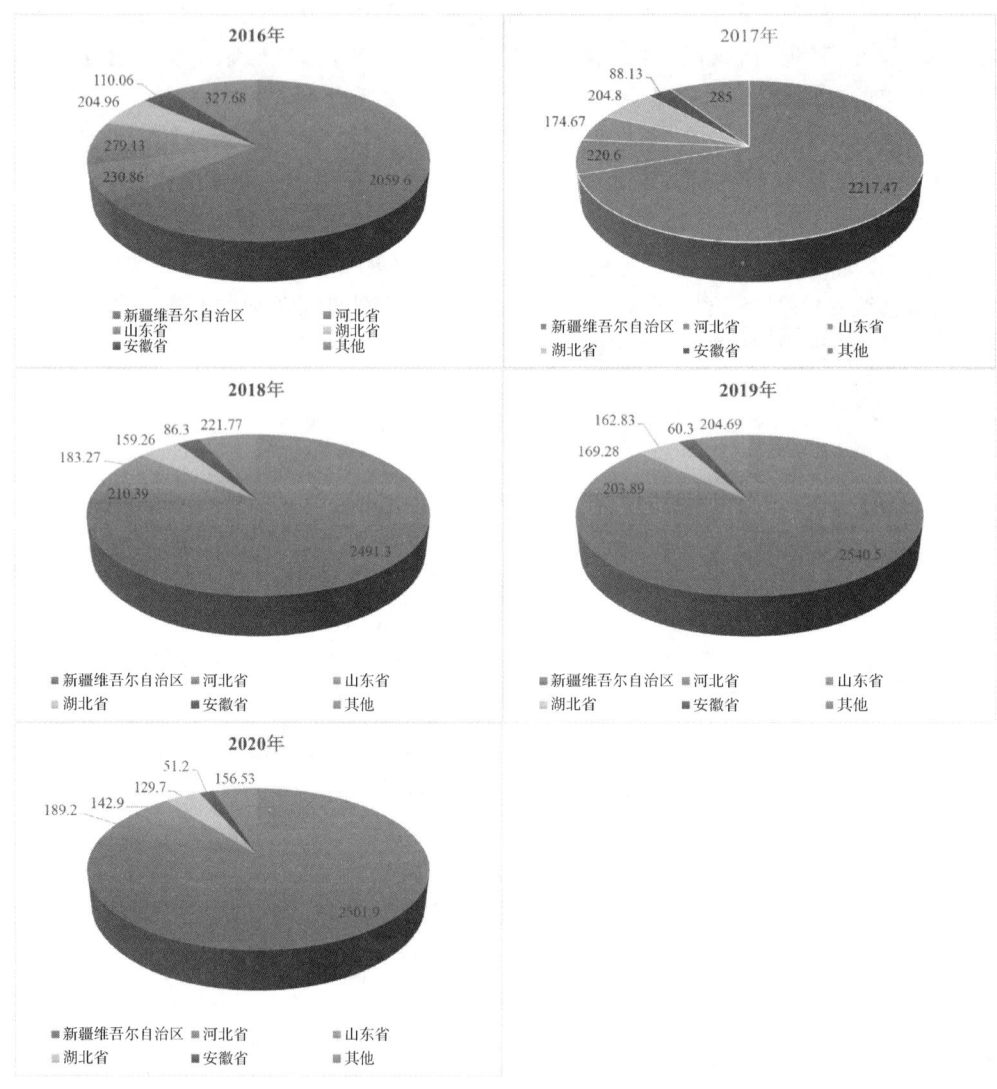

图 1-3　2016—2020 年全国棉花播种面积占比

表 1-2 2016—2020 年全国各省棉花播种面积占比

年份	年度种植面积占比(%)					
	新疆维吾尔自治区	河北省	山东省	湖北省	安徽省	其他
2016 年	64.12	7.19	8.69	6.38	3.43	10.20
2017 年	69.50	6.91	5.47	6.42	2.76	8.93
2018 年	74.32	6.28	5.47	4.75	2.57	6.62
2019 年	76.03	6.10	5.07	4.87	1.80	6.13
2020 年	78.89	5.97	4.51	4.09	1.61	4.94

1.1.2 近年国内棉花产量分布概况

源自国家统计局的数据显示,2016—2020 年我国皮棉产量整体状况如图 1-4 所示。与 1.1.1 节中的图 1-1 所示的棉花播种面积相似,2016—2018 年我国皮棉产量随棉花播种面积的增加而呈上升趋势,2018 年皮棉产量随播种面积达到峰值而达到最高位,较 2016 年上升 14.22%。从 2019 年开始,随着棉花播种面积的回落,皮棉产量也由 2018 年的峰值回落,尽管 2020 年棉花播种面积较 2019 年进一步缩减,但由于单产较高最终皮棉产量反较 2019 年有小幅上涨。据农业农村部预期数据显示,2021 年全国棉花播种面积将进一步较 2020 年缩减 2%,预期产量约为 576 万吨[①]。

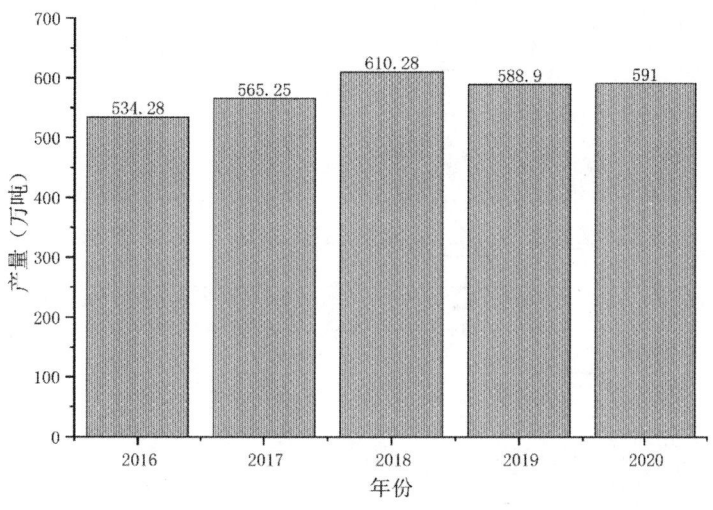

图 1-4 2016—2020 年国内皮棉总产量

表 1-3 列举了 2016—2020 年全国各省皮棉产量概况。可见 2016 年全国共有 23 个省份(包含自治区和直辖市)有皮棉产出数据,相较表 1-1 中所列的棉花种植省份减少了 5 个,其原

---

① 东方财富证券.中棉协 7 月份调查结果:预计全国棉花总产量约为 576.31 万吨 同比减少 2.71% [EB/OL]. http://finance.eastmoney.com/a/202108122043380111.html. 2021.8.12.

因可能因产量过低或未在本地加工,其中皮棉产量过10万吨的省份共有6个,分别是新疆维吾尔自治区、河北省、山东省、湖北省、湖南省和安徽省,皮棉产量为1万~10万吨的省份共有6个,分别是江西省、河南省、甘肃省、江苏省、天津市和陕西省;2017年新疆维吾尔自治区、河北省、江西省、甘肃省和天津市5个省市的皮棉产量有所上涨,其他省市皮棉产量随种植规模的缩减而降低,皮棉产量过10万吨的省份有新疆维吾尔自治区、河北省、山东省、湖北省、湖南省和江西省,皮棉产量为1万~10万吨的省份有安徽省、河南省、甘肃省、江苏省、天津市和陕西省;2018年除新疆维吾尔自治区、山东省、安徽省和甘肃省外,其他各省市的皮棉产量进一步随着种植规模的缩减而降低,皮棉产量过10万吨的省份有新疆维吾尔自治区、河北省、山东省、湖北省,皮棉产量为1万~10万吨的省份有湖南省、江西省、安徽省、河南省、甘肃省、江苏省、天津市,其中湖南省和江西省皮棉产量降至10万吨以下,陕西省皮棉产量从万吨以上降至1万吨以下;2019年和2020年除新疆维吾尔自治区外,其他各省市的皮棉产量进一步下降。

表1-3 2016—2020年全国各省份皮棉产量概况

序号	省份	年产量(/万吨)				
		2016年	2017年	2018年	2019年	2020年
1	新疆维吾尔自治区	407.800	456.657	511.090	500.200	516.100
2	河北省	23.900	24.038	23.927	22.740	20.900
3	山东省	32.896	20.720	21.703	19.603	18.300
4	湖北省	19.000	18.364	14.931	14.361	10.800
5	湖南省	12.621	10.950	8.569	8.184	7.400
6	江西省	9.964	10.465	7.212	6.572	5.300
7	安徽省	11.078	8.554	8.851	5.554	4.100
8	河南省	4.875	4.359	3.790	2.712	1.800
9	甘肃省	2.286	3.159	3.530	3.266	3.000
10	江苏省	3.692	2.573	2.060	1.566	1.100
11	天津市	2.100	2.481	1.826	1.813	1.000
12	陕西省	1.691	1.159	0.990	0.763	0.100
13	浙江省	0.826	0.643	0.812	0.814	0.700
14	四川省	0.500	0.428	0.399	0.278	0.200
15	山西省	0.517	0.401	0.361	0.296	0.200
16	广西壮族自治区	0.173	0.149	0.129	0.115	0.100
17	贵州省	0.200	0.112	0.065	0.041	0.000
18	上海市	0.100	0.041	0.010	0.008	0.000
19	内蒙古自治区	0.033	0.000	0.011	0.011	0.000
20	福建省	0.008	0.000	0.007	0.004	0.000
21	辽宁省	0.01	0.000	0.002	0.002	0.000
22	云南省	0.011	0.000	0.001	0.000	0.000
23	北京市	0.005	0.000	0.001	0.001	0.000

续表

序号	省份	年产量(/万吨)				
		2016年	2017年	2018年	2019年	2020年
24	广东省	0.000	0.000	0.000	0.000	0.000
25	海南省	0.000	0.000	0.000	0.000	0.000
26	黑龙江省	0.000	0.000	0.000	0.000	0.000
27	吉林省	0.000	0.000	0.000	0.000	0.000
28	宁夏回族自治区	0.000	0.000	0.000	0.000	0.000
29	青海省	0.000	0.000	0.000	0.000	0.000
30	西藏自治区	0.000	0.000	0.000	0.000	0.000
31	重庆市	0.000	0.000	0.000	0.000	0.000
32	台湾省	—	—	—	—	—
33	香港特别行政区	—	—	—	—	—
34	澳门特别行政区	—	—	—	—	—

(1)2016—2020年各省份皮棉产量变化趋势

图1-5展示了2016—2020年全国各省份皮棉产量变化趋势。结合表1-3中的数据可以发现，除新疆和甘肃以外其他各省的皮棉均呈下降的趋势。如位居第2位的河北省皮棉产量从2016年的23.90万吨下降至2020年的20.90万吨，总降幅为12.55%，年均降幅为3.33%；位居第3位的山东省皮棉产量从2016年的32.90万吨下降至2020年的18.30万吨，总降幅为45.38%，年均降幅为13.64%；位居第4位的湖北省皮棉产量从2016年的19.00万吨下降至2020年的10.8万吨，总降幅为43.16%，年均降幅为13.17%；位居第5位的湖南省皮棉产量从2016年的12.62万吨下降至2020年的7.40万吨，总降幅为41.36%，年均降幅为12.49%。其他省份的皮棉产量也均出现与不同程度的下降，此处不再一一赘述。

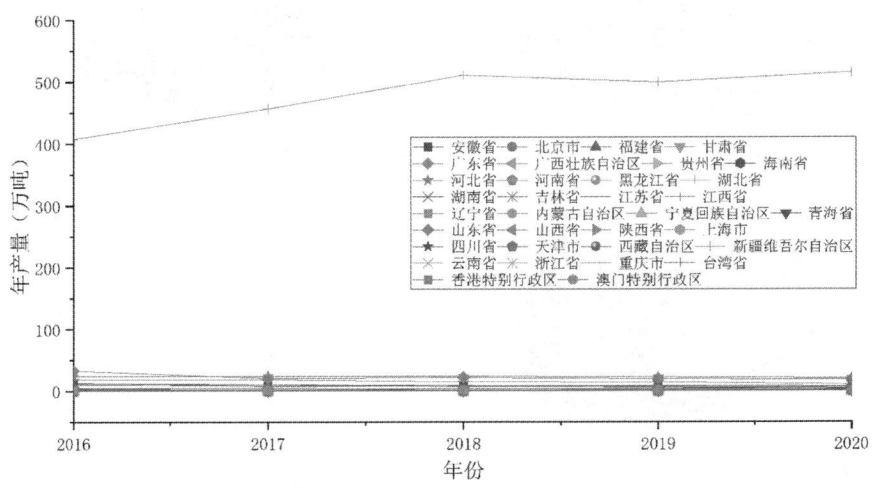

图1-5 2016—2020年全国各省份皮棉产量概况

(2) 2016—2020年各省皮棉产量占比变化趋势

图1-6和表1-4详细展示了2016—2020年主要产棉省份在皮棉产量方面的占比情况。将产量排名前5位的省份各自独立分析,排名在前5之外的省份归类为其他省份并将它们的皮棉产量累加求和。由图1-6可以看出,排名第1位的新疆皮棉产量占比在2016—2020年逐年上升,结合表1-3中的数据可知原因在于2016—2020年,排名第1位的新疆棉花播种面积处于上升的趋势,而其他省份的棉花播种面积又均在下降,此外新疆棉花单产优势明显,综合以上原因故而新疆皮棉产量的占比快速提升;相反,排名第2~5位的省份以及其他产区的棉花播种面积在2016—2020年逐年降低,且单产不如新疆,故而它们的皮棉产量占比快速下降。由表1-4可以看出,新疆皮棉产量占比由2016年的76.33%上升至2020年的87.31%,河北省皮棉产量占比由2016年的4.47%下降至2020年的3.54%,山东省皮棉产量占比由2016年的6.16%下降至2020年的3.10%,湖北省皮棉产量占比由2016年的3.56%下降至2020年的1.83%,湖南省皮棉产量占比由2016年的2.36%下降至2020年的1.25%,其他省份皮棉产量占比从2016年的7.13%下降至2020年的2.98%;总体而言,排名前5位的主产省份的皮棉产量占比由2016年的92.87%上升至2020年的97.02%。产量相对于种植面积更加趋向于集中。

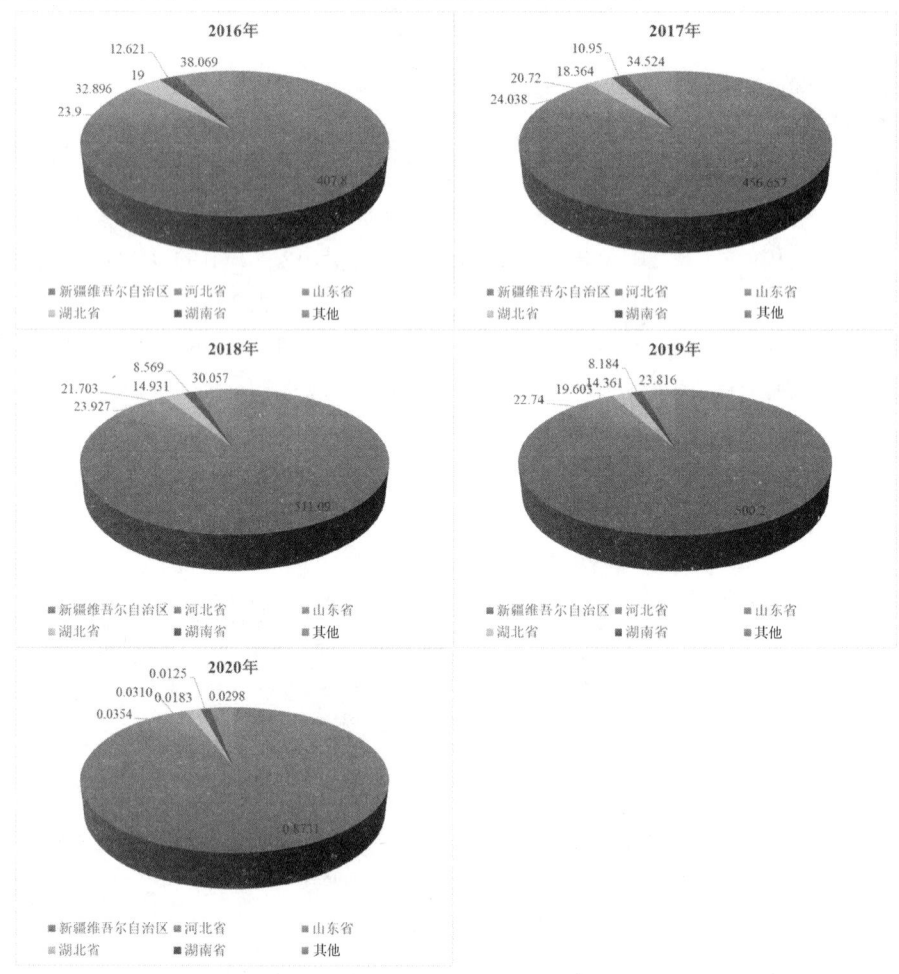

图1-6 2016—2020年全国各省皮棉产量占比

表 1-4 2016—2020 年全国各省皮棉产量占比

年份	年度种植面积占比（%）					
	新疆维吾尔自治区	河北省	山东省	湖北省	湖南省	其他
2016 年	76.33	4.47	6.16	3.56	2.36	7.13
2017 年	80.79	4.25	3.67	3.25	1.94	6.11
2018 年	83.75	3.92	3.56	2.45	1.40	4.93
2019 年	84.94	3.86	3.33	2.44	1.39	4.04
2020 年	87.31	3.54	3.10	1.83	1.25	2.98

1.2 国际棉花种植与产量

1.2.1 全球棉花种植面积分布概况

据世界粮农组织统计数据显示，2015—2019 年全球主要棉花种植和生产国家有 86 个，详细数据见表 1-5。其中亚洲为最大棉花种植和生产基地，主要产棉国数量达 27 个，五年平均种植面积超 22378 千公顷，其他依次为非洲主要产棉国 36 个、五年平均种植面积约 4603 千公顷，北美洲主要产棉国 11 个、五年平均种植面积约 4290 千公顷，南美洲主要产棉国 7 个、五年平均种植面积约 1659 千公顷，大洋洲主要产棉国 1 个、五年平均棉花种植面积约 356 千公顷，欧洲主要产棉国 4 个、近五年平均棉花种植面积约 195 千公顷。

表 1-5 2015—2019 年全球棉花播种面积概况

序号	国别	年度种植面积（千公顷）				
		2015 年	2016 年	2017 年	2018 年	2019 年
1	印度	11870.00	10830.00	12430.00	12350.00	16037.76
2	中国	3766.87	3376.10	4845.00	3354.41	4815.37
3	美国	3267.83	3847.71	4492.22	4130.19	4777.16
4	巴基斯坦	2901.98	2488.96	2700.28	2372.97	2527.00
5	巴西	1032.94	996.19	927.99	1150.01	1627.16
6	乌兹别克斯坦	1300.00	1265.10	1201.18	1108.25	1050.63
7	马里	545.32	655.00	703.65	698.18	738.19
8	贝宁	306.81	418.94	530.15	600.00	716.86
9	布基纳法索	557.84	654.96	844.90	473.38	591.00
10	土库曼斯坦	540.00	550.00	540.00	535.00	515.00
11	土耳其	434.00	416.00	501.48	518.63	477.81
12	坦桑尼亚	450.00	320.00	340.00	400.00	420.00
13	科特迪瓦	402.00	345.00	360.00	370.00	351.32

续表

序号	国别	年度种植面积（千公顷）				
		2015 年	2016 年	2017 年	2018 年	2019 年
14	阿根廷	455.75	376.78	253.31	319.29	332.90
15	澳大利亚	197.00	280.42	518.59	485.10	303.48
16	尼日利亚	401.44	365.37	326.40	309.77	276.57
17	喀麦隆	220.00	224.00	185.00	240.00	250.00
18	墨西哥	133.23	104.37	211.92	240.58	207.25
19	苏丹	85.68	66.36	173.00	191.94	196.98
20	塔吉克斯坦	159.64	162.56	173.98	185.82	185.67
21	多哥	112.42	129.93	172.27	179.60	180.59
22	缅甸	224.88	201.95	183.90	192.87	168.30
23	津巴布韦	112.07	101.66	76.50	129.45	156.64
24	埃塞俄比亚	99.00	60.00	90.00	140.00	150.00
25	乍得	290.00	315.00	120.00	120.00	140.13
26	玻利维亚	126.00	126.00	126.00	126.00	134.81
27	哈萨克斯坦	99.30	109.60	135.48	132.59	131.21
28	莫桑比克	120.00	101.00	114.07	127.30	105.69
29	阿塞拜疆	18.68	50.79	135.93	132.51	100.11
30	埃及	101.16	55.00	91.00	141.00	100.00
31	乌干达	65.00	74.00	96.00	80.00	90.00
32	赞比亚	126.80	129.60	105.35	106.88	88.75
33	马拉维	123.02	78.47	41.10	44.18	68.13
34	刚果	70.47	68.29	68.41	68.25	68.12
35	阿富汗	42.12	51.10	31.85	39.50	49.37
36	几内亚	43.58	45.98	46.34	47.21	48.10
37	叙利亚	35.38	38.81	22.85	39.92	47.97
38	中非共和国	40.48	39.40	41.82	43.04	44.28
39	伊朗	71.83	70.63	52.13	44.81	43.30
40	南非	15.43	7.04	17.84	37.00	24.80
41	吉尔吉斯斯坦	14.26	16.59	20.56	23.05	24.42
42	孟加拉国	17.32	17.34	33.72	37.46	23.93
43	泰国	10.21	15.81	19.16	23.31	23.59
44	也门	12.94	11.25	11.14	6.67	21.64
45	秘鲁	26.93	18.10	8.16	20.78	19.61
46	朝鲜	19.78	19.54	19.54	19.56	19.58
47	哥伦比亚	25.33	19.54	10.97	11.96	18.33

续　表

序号	国别	年度种植面积(千公顷)				
		2015 年	2016 年	2017 年	2018 年	2019 年
48	巴拉圭	12.60	12.00	10.00	9.49	18.00
49	索马里	17.71	17.67	17.59	17.67	17.75
50	马达加斯加	14.15	16.29	16.76	17.04	17.19
51	塞内加尔	30.59	20.00	20.93	21.74	16.51
52	肯尼亚	28.63	28.70	20.72	13.43	13.78
53	加纳	16.00	15.26	13.83	13.49	12.99
54	尼日尔	6.60	6.82	6.84	7.72	8.64
55	以色列	10.09	8.34	6.85	6.46	8.62
56	几内亚比绍	4.90	5.05	5.23	5.38	5.53
57	印度尼西亚	6.12	4.60	3.60	5.16	4.21
58	委内瑞拉	7.10	4.04	7.80	4.62	3.30
59	安哥拉	3.00	3.00	3.00	3.00	2.95
60	厄瓜多尔	2.81	2.33	2.51	2.52	2.53
61	布隆迪	3.01	2.96	2.62	3.03	2.40
62	尼加拉瓜	2.00	2.00	2.00	2.00	2.00
63	老挝	1.98	2.21	1.85	2.08	1.88
64	洪都拉斯	1.71	1.78	1.82	1.87	1.86
65	海地	1.91	1.81	1.74	1.67	1.59
66	突尼斯	3.02	1.73	1.30	1.37	1.48
67	埃斯瓦蒂尼	1.50	1.31	1.37	1.40	1.43
68	冈比亚	1.55	1.16	1.19	1.26	1.25
69	哥斯达黎加	0.86	0.91	0.87	0.87	0.87
70	菲律宾	0.01	0.00	0.01	0.64	0.87
71	阿尔巴尼亚	0.74	0.74	0.74	0.74	0.62
72	安提瓜	0.60	0.60	0.60	0.60	0.60
73	危地马拉	0.78	0.53	0.53	0.53	0.52
74	博茨瓦纳	0.50	0.50	0.50	0.50	0.50
75	阿尔及利亚	0.26	0.26	0.26	0.26	0.28
76	柬埔寨	0.18	0.18	0.18	0.18	0.18
77	越南	1.30	0.64	0.63	0.61	0.17
78	格林纳达	0.16	0.16	0.16	0.16	0.16
79	摩洛哥	0.11	0.14	0.16	0.16	0.16
80	尼泊尔	0.13	0.13	0.14	0.13	0.13
81	萨尔瓦多	0.00	0.04	0.09	0.09	0.13

续 表

序号	国别	年度种植面积（千公顷）				
		2015年	2016年	2017年	2018年	2019年
82	伊拉克	22.35	27.18	0.22	0.03	0.01
83	圣基茨	0.00	0.00	0.00	0.00	0.00
84	保加利亚	2.17	4.49	4.81	0.00	0.00
85	希腊	269.32	246.38	260.18	0.00	0.00
86	西班牙	63.33	60.81	62.98	0.00	0.00

图1-7展示了2015—2019年的全球棉花播种总面积。可以看出，这五年全球棉花播种面积始终保持在30000千公顷以上，且呈现稳中有升的趋势，在2019年播种面积达到这五年播种面积的最高峰，较2015年增加22%。由此可见，全球棉花种植规模相对稳定，重点地区或国家种植棉花的积极性较高。

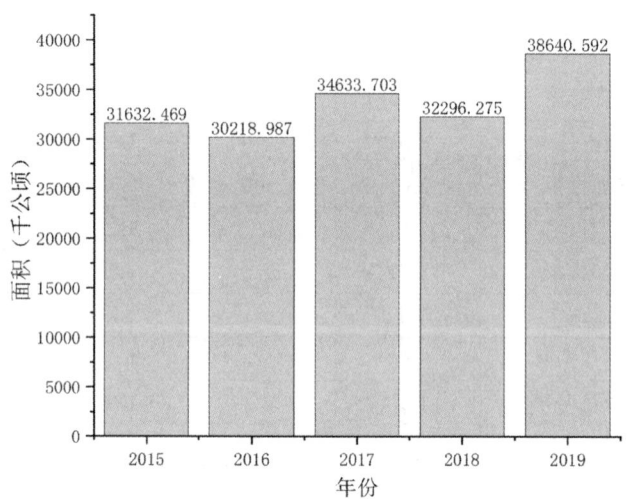

图1-7　2015—2019年全球棉花总体播种面积及趋势

（1）洲际棉花播种分布概况

按洲际划分2015—2019年全球棉花种植情况如图1-8所示。可以看出，全球七大洲除南极洲外其他各洲均涉及棉花种植和生产。各洲的棉花播种面积却相差甚远，播种面积最大的为亚洲，播种面积最小的为欧洲。

各洲2015—2019年具体播种棉花的面积见表1-6。可见亚洲的棉花播种面积始终位居全球首位，超过其他各洲播种面积的总和，这五年平均棉花播种面积占这五年全球棉花播种面积的66.83%。

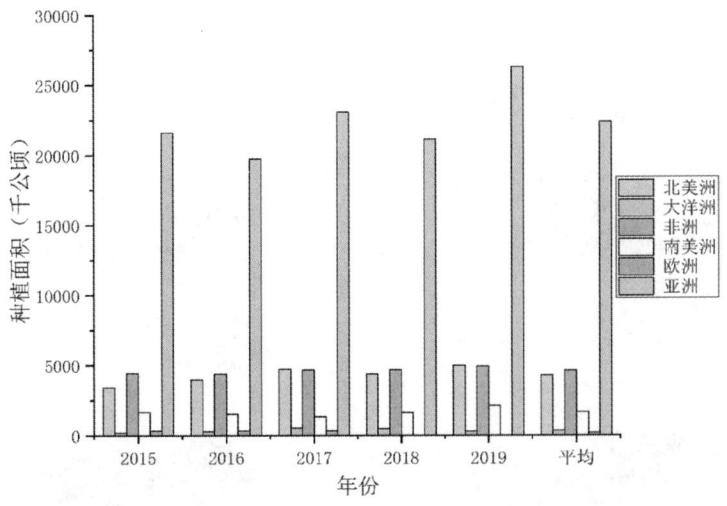

图 1-8 2015—2019 年全球棉花种植面积（按洲际分类）

表 1-6 2015—2019 年各洲际棉花播种面积

年份	洲际棉花播种面积（千公顷）					
	北美洲	大洋洲	非洲	南美洲	欧洲	亚洲
2015	3409.086	197	4420.028	1662.517	335.561	21608.28
2016	3959.918	280.422	4375.844	1536.878	312.42	19753.51
2017	4711.946	518.589	4656.071	1338.579	328.709	23079.81
2018	4378.551	485.101	4654.638	1623.886	0.74	21153.36
2019	4992.142	303.484	4908.983	2137.03	0.617	26298.34
平均	4290.329	356.9192	4603.113	1659.778	195.6094	22378.66

（2）主要产棉国棉花播种面积概况

就播种面积而言，2015—2019 年全球排名前 10 的棉花种植和生产国家分别是印度、中国、美国、巴基斯坦、巴西、乌兹别克斯坦、马里、贝宁、布基纳法索和土库曼斯坦。它们这五年的棉花播种面积详情见表 1-5 中序号为 1～10 的记录条目。图 1-9 展示了排名前 10 的国家棉花种植面积在全球棉花种植面积中的占比情况。可见，印度在棉花种植面积方面这五年均位居全球首位，占比均超过 35%，尤其是 2019 年的占比更是超过了 40%。近五年，我国棉花种植面积在第 2 和第 3 位徘徊，与美国的棉花种植面积十分接近，这五年平均棉花种植规模都在 4000 千公顷左右。

表 1-7 展示了 2015—2019 年排名前 10 位的国家棉花种植面积在全球棉花种植面积中的占比情况。可以看出，在全球 80 多个棉花种植和生产国家中，排名前 10 位的国家棉花播种面积占比均保持在 80% 以上，尤其是 2019 年的占比更是高达 86.43%，为其他 70 多个国家种植棉花总面积的 6.37 倍。由此可见，全球棉花种植和棉花供给集中程度非常高。

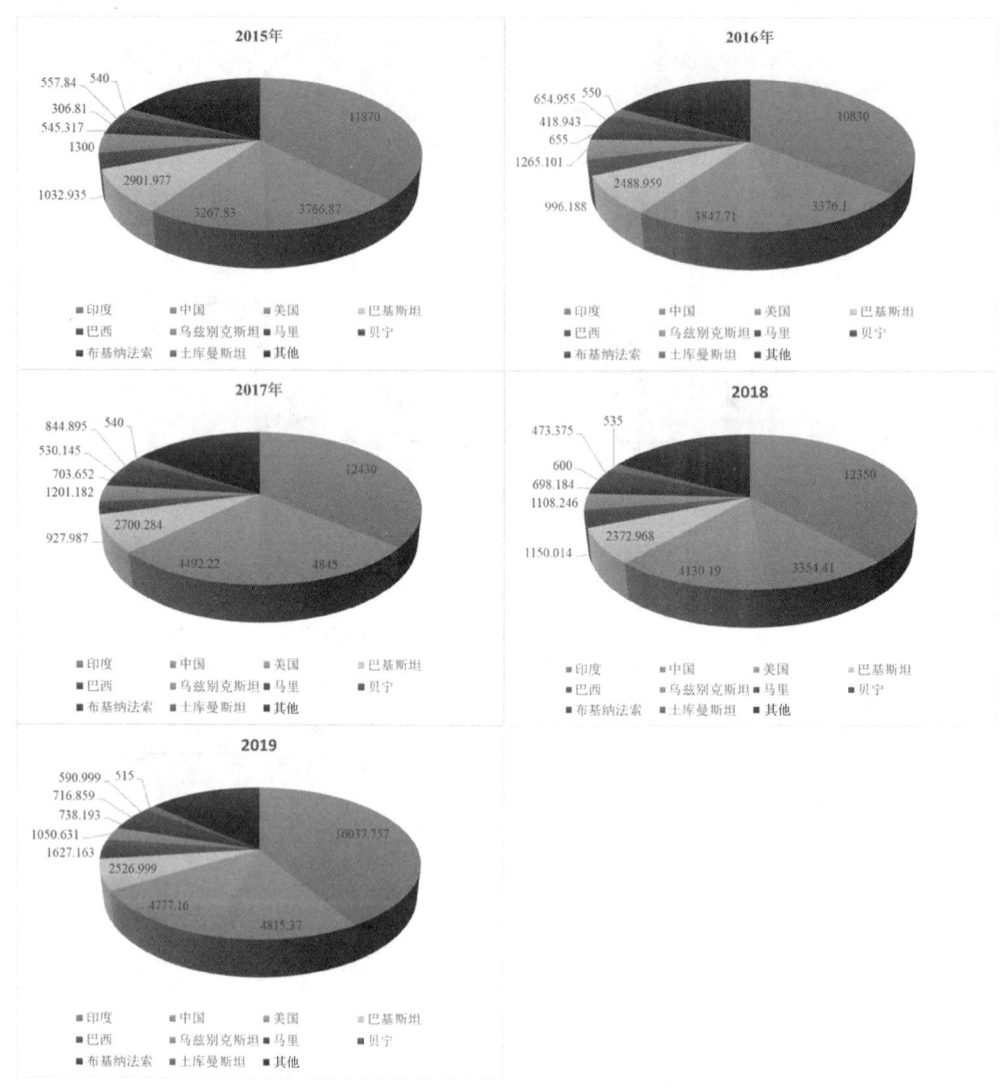

图 1-9　2015—2019 年全球棉花种植面积前 10 名占比

表 1-7　2015—2019 年全球棉花种植面积前 10 名占比

组别	年度种植面积占比（%）				
	2015 年	2016 年	2017 年	2018 年	2019 年
前 10 总和	82.48	83.00	84.36	82.90	86.43
其他总和	17.50	17.00	15.64	17.10	13.57

1.2.2　全球籽棉产量分布概况

同样来自世界粮农组织统计数据显示，2015—2019 年全球棉花生产的籽棉产量详细数据见表 1-8。由此可见，亚洲有 27 个主要产棉国，这五年平均年产籽棉 4780 余万吨，北美洲有 11

个主要产棉国、这五年平均年产籽棉1170余万吨,南美洲有7个主要产棉国、这五年平均年产籽棉558余万吨,非洲有36个主要产棉国、这五年平均年产籽棉461余万吨,大洋洲有1个主要产棉国、这五年平均年产籽棉180余万吨,欧洲有4个主要产棉国仅、这五年平均籽棉产量约58万吨,但2018年以后欧洲棉花产量逐渐归零。

表1-8 2015—2019年全球籽棉产量概况

序号	国别	年度籽棉产量(万吨)				
		2015年	2016年	2017年	2018年	2019年
1	中国	1683.000	1602.900	1713.030	1849.333	2350.458
2	印度	1594.300	1730.800	1742.500	1465.700	1855.000
3	美国	846.916	1009.247	1200.000	1107.661	1295.587
4	巴西	400.733	346.410	384.287	495.613	689.334
5	巴基斯坦	487.174	523.716	585.503	482.844	449.465
6	乌兹别克斯坦	336.130	295.896	285.393	228.556	269.441
7	土耳其	205.000	210.000	245.000	257.000	220.000
8	澳大利亚	127.410	151.868	215.096	245.000	162.706
9	墨西哥	59.344	48.791	100.910	116.260	91.698
10	阿根廷	79.535	67.315	61.616	81.369	87.272
11	贝宁	26.921	45.121	59.799	75.800	79.186
12	布基纳法索	76.893	78.478	84.434	48.217	72.423
13	马里	51.357	64.726	72.861	65.656	71.073
14	土库曼斯坦	76.365	60.000	69.090	61.820	58.200
15	塔吉克斯坦	27.005	28.471	38.651	30.034	40.301
16	科特迪瓦	45.000	31.000	32.800	36.518	35.599
17	哈萨克斯坦	27.390	28.670	33.049	34.362	34.436
18	乍得	27.000	35.000	10.000	4.000	32.500
19	喀麦隆	32.300	29.300	29.100	31.100	32.246
20	埃及	32.000	17.000	30.000	48.900	30.500
21	阿塞拜疆	3.519	8.944	20.753	23.359	29.528
22	缅甸	48.226	43.803	36.949	33.674	28.940
23	坦桑尼亚	20.331	14.945	16.471	26.939	26.779
24	尼日利亚	27.752	27.882	29.047	26.186	23.310
25	苏丹	13.120	10.880	10.400	16.000	18.671
26	埃塞俄比亚	13.000	11.500	13.000	14.000	15.462
27	叙利亚	9.850	12.300	7.000	12.000	14.146
28	玻利维亚	11.700	11.700	11.700	11.700	11.879
29	多哥	8.111	11.300	11.716	13.727	11.658
30	津巴布韦	4.282	3.289	7.326	10.589	10.734
31	伊朗	17.546	16.116	14.597	11.346	10.567
32	乌干达	6.350	8.570	11.900	8.730	10.300

续 表

序号	国别	年度籽棉产量(万吨)				
		2015年	2016年	2017年	2018年	2019年
33	孟加拉国	5.712	6.000	11.900	13.000	8.100
34	南非	5.077	2.727	4.195	10.174	7.331
35	阿富汗	5.048	5.900	3.677	5.745	7.312
36	赞比亚	10.389	11.190	8.929	8.822	7.251
37	哥伦比亚	8.480	7.525	2.339	3.039	6.016
38	秘鲁	7.015	4.536	2.333	4.420	5.831
39	吉尔吉斯斯坦	4.413	5.211	6.535	7.472	5.802
40	莫桑比克	4.917	4.366	5.215	6.314	5.299
41	马拉维	7.929	3.144	2.955	2.401	4.607
42	几内亚	4.220	4.395	4.347	4.361	4.376
43	朝鲜	3.873	3.849	3.872	3.894	3.916
44	刚果	3.035	2.878	2.860	2.853	2.847
45	巴拉圭	1.482	1.416	1.400	1.899	2.700
46	也门	1.385	1.199	1.187	0.692	2.255
47	以色列	4.618	3.580	3.100	2.330	2.180
48	中非共和国	2.193	1.922	2.028	2.074	2.120
49	塞内加尔	3.100	2.400	2.000	1.512	1.651
50	马达加斯加	1.489	1.514	1.564	1.582	1.601
51	加纳	1.481	1.429	1.308	1.283	1.243
52	尼日尔	0.660	0.670	0.665	0.750	0.838
53	索马里	0.702	0.712	0.708	0.710	0.713
54	泰国	0.554	0.693	0.693	0.693	0.693
55	肯尼亚	1.573	1.580	1.450	0.592	0.608
56	老挝	0.580	0.700	0.650	0.660	0.581
57	几内亚比绍	0.545	0.562	0.557	0.562	0.566
58	安哥拉	0.550	0.550	0.550	0.550	0.541
59	尼加拉瓜	0.436	0.490	0.495	0.489	0.471
60	洪都拉斯	0.300	0.317	0.331	0.340	0.339
61	厄瓜多尔	0.376	0.311	0.331	0.331	0.331
62	委内瑞拉	0.908	0.531	0.899	0.381	0.306
63	布隆迪	0.230	0.201	0.184	0.207	0.175
64	危地马拉	0.218	0.149	0.152	0.152	0.152
65	博茨瓦纳	0.100	0.100	0.100	0.100	0.097
66	埃斯瓦蒂尼	0.098	0.086	0.089	0.089	0.089
67	海地	0.093	0.090	0.088	0.085	0.083
68	菲律宾	0.001	0.001	0.001	0.060	0.083
69	阿尔巴尼亚	0.082	0.082	0.082	0.082	0.068

续　表

序号	国别	年度籽棉产量(万吨)				
		2015年	2016年	2017年	2018年	2019年
70	突尼斯	0.189	0.103	0.070	0.069	0.067
71	哥斯达黎加	0.067	0.065	0.063	0.062	0.062
72	冈比亚	0.054	0.041	0.042	0.044	0.044
73	摩洛哥	0.022	0.030	0.035	0.035	0.035
74	印度尼西亚	0.076	0.093	0.033	0.035	0.031
75	柬埔寨	0.024	0.024	0.024	0.024	0.024
76	萨尔瓦多	0.001	0.006	0.011	0.011	0.022
77	尼泊尔	0.013	0.013	0.013	0.012	0.013
78	安提瓜	0.011	0.011	0.011	0.011	0.011
79	越南	0.152	0.065	0.036	0.033	0.010
80	阿尔及利亚	0.008	0.008	0.008	0.008	0.008
81	格林纳达	0.005	0.005	0.005	0.005	0.006
82	伊拉克	3.397	3.365	0.009	0.004	0.004
83	圣基茨	0.000	0.000	0.000	0.000	0.000
84	保加利亚	0.156	0.425	0.438	0.000	0.000
85	希腊	81.757	73.912	80.893	0.000	0.000
86	西班牙	19.300	16.560	19.850	0.000	0.000

图1-10展示了2015—2019年的全球籽棉总产量。可以看出,与1.1.1节中棉花播种面积相似,这五年全球籽棉产量呈现稳中有升的趋势,随着2019年播种面积达到这五年的最高峰,2019年的籽棉产量也达到这五年之最,较2015年增加24.7%。增长幅度超过棉花播种面积增长幅度的22%,从侧面也可以看出全球棉花平均单产有所提高,这在后续章节将进一步分析与阐述。

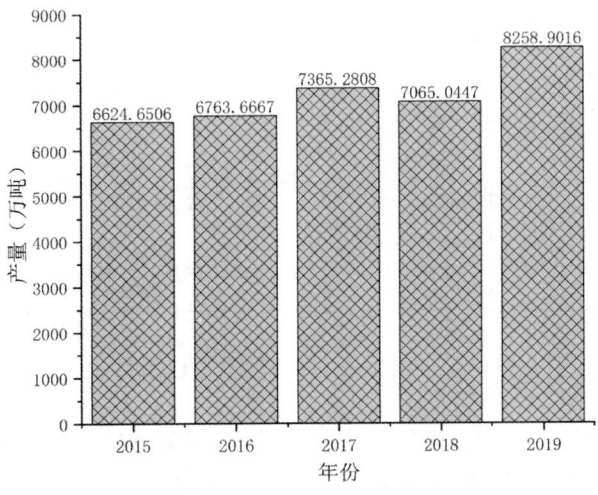

图1-10　2015—2019年全球籽棉总产量

(1)洲际籽棉产量分布概况

按洲际划分 2015—2019 年全球棉花种植情况如图 1-11 所示。可以看出,与棉花种植面积相似,亚洲籽棉产量高居首位,北美洲和大洋洲的籽棉产量基本相当,南美洲和非洲籽棉产量分别位居第 4 和第 5 位。亚洲籽棉产量在高位有所起伏,但仍然遥遥领先其他各洲,北美洲、大洋洲、南美洲和非洲的籽棉产量逐年上升,唯有欧洲籽棉产量近乎归零。

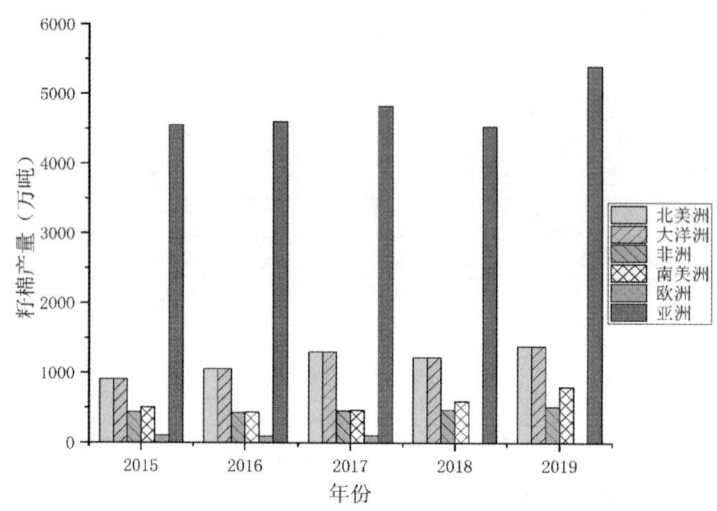

图 1-11　2015—2019 年全球籽棉产量(按洲际分类)

各洲 2015—2019 年具体籽棉产量见表 1-9。可见与棉花播种面积相似,这五年亚洲籽棉产量始终位居全球首位,且远超其他各洲籽棉总产量,这五年平均籽棉产量占全球籽棉总产量的 58.3%。与播种面积的占比相比,比重有所下降,一定程度上反映了亚洲棉区的单产低于其他棉区的单产。

表 1-9　2015—2019 年各洲际籽棉产量

年份	洲际籽棉产量(万吨)					
	北美洲	大洋洲	非洲	南美洲	欧洲	亚洲
2015	907.390	907.390	432.978	503.213	101.295	4552.365
2016	1059.170	1059.170	429.598	435.208	90.979	4596.844
2017	1302.065	1302.065	458.707	462.572	101.263	4825.577
2018	1225.077	1225.077	471.453	594.331	0.082	4529.101
2019	1388.429	1388.429	512.549	797.837	0.068	5397.312
平均	1176.426	1176.426	461.057	558.632	58.738	4780.240

(2)主要产棉国的籽棉产量概况

就籽棉产量而言,2015—2019 年全球排名前 10 的国家分别是中国、印度、美国、巴西、巴基斯坦、乌兹别克斯坦、土耳其、澳大利亚、墨西哥和阿根廷。它们这五年的籽棉产量详情见表 1-4 中序号为 1~10 的记录条目。图 1-12 展示了排名前 10 的国家籽棉产量在全球籽棉产量中的占比情况。结合 1.1.1 节中的棉花播种面积可见,尽管印度在棉花种植面积方面稳居全球首位,且远超其他国家,但其籽棉产量并非占据绝对优势,如 2015 年、2018 年和 2019 年三年的籽棉产量均落后于我国。尽管我国在棉花播种面积上远落后于印度,但由于棉花单产较高,在总产量方面以 1839.744 万吨/年的平均产量高居榜首。

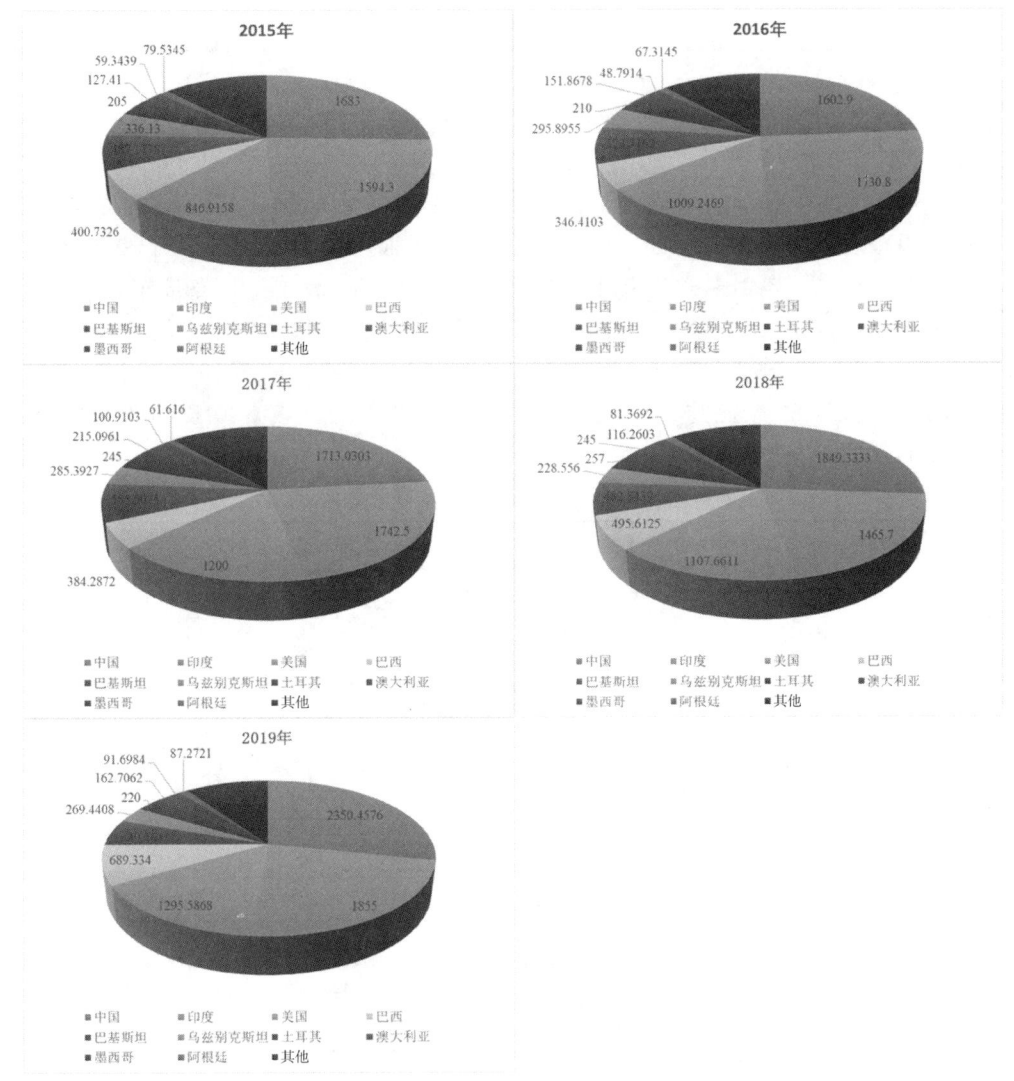

图 1-12　2015—2019 年全球籽棉产量前 10 名占比

表 1-10 展示了排名前 10 位的国家 2015—2019 年籽棉产量在全球籽棉产量中的占比情况。与表 1-3 对比可以发现,籽棉产量相对于棉花播种面积更加趋向于集中化,排名前 10 位的国家籽棉产量占比这五年均呈现上升的趋势,尤其是 2019 年的占比更是超过了 90%,其他 70 多个产棉国的籽棉总产量的占比却不足 10%,相差约 9.5 倍,集中趋势更加凸显。

表 1-10　2015—2019 年全球籽棉产量前 10 名占比

组别	年度籽棉产量占比(%)				
	2015 年	2016 年	2017 年	2018 年	2019 年
前 10 总和	87.85	88.52	88.70	89.59	90.46
其他总和	12.15	11.48	11.30	10.41	9.54

1.2.3　全球皮棉产量分布概况

表 1-11 列举了 2015—2019 年全球皮棉产量详细数据(由于棉花年度限制及数据更新滞后性,当前世界粮农组织 FAOSTAT 数据中心的全球皮棉产量数据仅更新到 2018 年)。由此可见,亚洲有 27 个主要产棉国、这五年平均年产皮棉约 4780 余万吨,北美洲有 11 个主要产棉国、这五年平均年产皮棉 1170 余万吨,南美洲有 7 个主要产棉国、这五年平均年产皮棉 558 余万吨,非洲有 36 个主要产棉国、这五年平均年产皮棉 461 余万吨,大洋洲有 1 个主要产棉国、这五年平均年产皮棉 180 余万吨,欧洲主要产棉国仅有 4 个、这五年平均皮棉产量约 58 万吨,但 2018 年以后欧洲棉花产量逐渐归零。

表 1-11　2015—2019 年全球皮棉产量概况

序号	国别	年度皮棉产量(万吨)				
		2015 年	2016 年	2017 年	2018 年	2019 年
1	中国	561	534.3	565.3	610.28	684.1593
2	印度	510.085	554.2	557.685	476.714	532.3467
3	美国	280.603	373.831	455.534	400.395	暂无数据
4	巴西	162.6716	142.0282	149.872	193.2889	163.9537
5	巴基斯坦	168.6922	181.5038	203.1909	167.7287	221.6932
6	土耳其	73.8	75.6	88.2	97.66	85.3831
7	澳大利亚	42.1564	55.0895	77.4488	95.0395	97.6475
8	乌兹别克斯坦	110.9	97.65	94.18	75.67	10.5374
9	墨西哥	19.8	16.6	22.788	40	暂无数据
10	希腊	30.7	27.8	30.4	31.4	暂无数据
11	阿根廷	30.3	29	26	30	21.4371
12	马里	27.2957	35.264	29.8586	27.5757	暂无数据
13	贝宁	9.2492	12.18	16.44	20.5	暂无数据
14	土库曼斯坦	25.2	19.8	22.8	20.4	19.9358
15	苏丹	7.175	5.95	17.272	18.734	暂无数据
16	布基纳法索	24.4	28.5	30.7714	17.57	暂无数据
17	坦桑尼亚	8.4286	8.4286	7.0028	11.6967	暂无数据
18	哈萨克斯坦	9.0387	9.4611	10.9	11.3	暂无数据
19	喀麦隆	10.7	10.2	10.6	10	暂无数据

续 表

序号	国别	年度皮棉产量（万吨）				
		2015 年	2016 年	2017 年	2018 年	2019 年
20	缅甸	15	13	11	9.7	暂无数据
21	尼日利亚	9.5	9.6	9.9	9.4	暂无数据
22	塔吉克斯坦	9.84	8.2	11	8.6	暂无数据
23	埃及	5.4833	3.84	7.8678	8	暂无数据
24	西班牙	6.1815	5.5199	6.6182	6.4821	暂无数据
25	阿塞拜疆	0.6639	1.7081	3.7892	6.1038	暂无数据
26	科特迪瓦	8.0587	12	7	5	暂无数据
27	伊朗	5.6145	5.1575	4.9115	4.8785	暂无数据
28	孟加拉国	2.1	2.2	4.2922	4.7842	暂无数据
29	多哥	3.97	3.945	4.6	4.56	暂无数据
30	叙利亚	3.25	4.06	3.3	4.1	暂无数据
31	埃塞俄比亚	4.7	4.2	3.9	3.5	暂无数据
32	玻利维亚	3.16	3.16	3.16	3.16	暂无数据
33	乌干达	2.095	2.83	3.93	2.88	暂无数据
34	南非	1.8784	1.0091	1.552	2.8799	暂无数据
35	吉尔吉斯斯坦	1.455	1.7197	2.1565	2.4657	暂无数据
36	赞比亚	4	3.69	2.94	2.29	暂无数据
37	莫桑比克	1.8	1.3	1	1.8	暂无数据
38	几内亚	1.505	1.575	1.556	1.562	暂无数据
39	秘鲁	2.6	1.5	0.8	1.5	暂无数据
40	阿富汗	1.6659	1.9469	1.2134	1.3034	暂无数据
41	津巴布韦	1.42	1.09	1.35	1.29	暂无数据
42	朝鲜	1.3074	1.2	1.1	1.2	暂无数据
43	哥伦比亚	2.4324	2.8596	0.889	1.1549	暂无数据
44	伊拉克	1.18	1.17	0.97	1.1075	暂无数据
45	乍得	7	9	2.5	1	暂无数据
46	以色列	1.8	1.4	1.21	0.92	暂无数据
47	中非共和国	1	1.2	1	0.9	暂无数据
48	马拉维	2.4	0.99	0.9	0.78	暂无数据
49	刚果	0.9082	0.7	0.7	0.7	暂无数据
50	塞内加尔	0.748	0.72	0.7032	0.7	暂无数据
51	也门	0.4709	0.41	1.1872	0.6921	暂无数据
52	巴拉圭	0.45	0.43	0.42	0.58	暂无数据
53	加纳	0.52	0.52	0.48	0.47	暂无数据

续 表

序号	国别	年度皮棉产量(万吨)				
		2015年	2016年	2017年	2018年	2019年
54	马达加斯加	0.4929	0.44	0.45	0.435	暂无数据
55	尼日尔	0.2	0.2084	0.2082	0.432	暂无数据
56	老挝	0.191	0.253	0.2235	0.2365	暂无数据
57	索马里	0.2	0.2	0.2	0.2	暂无数据
58	肯尼亚	0.5122	0.5147	0.386	0.1929	暂无数据
59	几内亚比绍	0.159	0.165	0.162	0.163	暂无数据
60	委内瑞拉	0.3	0.17	0.3	0.13	暂无数据
61	厄瓜多尔	0.1438	0.12	0.12	0.12	暂无数据
62	洪都拉斯	0.09	0.095	0.099	0.102	暂无数据
63	安哥拉	0.0877	0.0879	0.0914	0.1	暂无数据
64	布隆迪	0.0968	0.0854	0.0779	0.0868	暂无数据
65	尼加拉瓜	0.0824	0.0822	0.0822	0.081	暂无数据
66	保加利亚	0.0514	0.1402	0.1446	0.0787	暂无数据
67	危地马拉	0.0915	0.073	0.074	0.074	暂无数据
68	泰国	0.08	0.08	0.08	0.07	暂无数据
69	突尼斯	0.0605	0.0642	0.0636	0.0628	暂无数据
70	埃斯瓦蒂尼	0.0365	0.0355	0.039	0.039	暂无数据
71	博茨瓦纳	0.03	0.03	0.03	0.03	暂无数据
72	阿尔巴尼亚	0.027	0.027	0.027	0.027	暂无数据
73	海地	0.029	0.0275	0.026	0.025	暂无数据
74	哥斯达黎加	0.0258	0.02	0.02	0.02	暂无数据
75	冈比亚	0.018	0.015	0.0155	0.016	暂无数据
76	印度尼西亚	0.0228	0.028	0.0156	0.0125	暂无数据
77	越南	0.053	0.023	0.0125	0.011	暂无数据
78	摩洛哥	0.0069	0.0069	0.0069	0.0068	暂无数据
79	柬埔寨	0.0065	0.0068	0.0065	0.0065	暂无数据
80	尼泊尔	0.004	0.0038	0.0038	0.0036	暂无数据
81	安提瓜	0.003	0.003	0.003	0.003	暂无数据
82	阿尔及利亚	0.0026	0.0026	0.0026	0.0026	暂无数据
83	格林纳达	0.0015	0.0016	0.0016	0.0016	暂无数据
84	萨尔瓦多	0.0008	0.001	0.0015	0.0015	暂无数据
85	菲律宾	0.0002	0.0002	0.0003	0.0009	暂无数据
86	圣基茨	0.0001	0.0001	0.0001	0.0001	暂无数据

图 1-13 展示了 2015—2019 年的全球皮棉总产量。可以看出,与 1.1.1 节和 1.1.2 节中棉花播种面积与籽棉总产量相似,这五年全球皮棉产量呈现稳中有升的趋势,随着 2019 年棉花播种面积达到这五年的最高峰,2019 年的皮棉产量像籽棉产量一样也达到这五年之最,较 2015 年增加 14.96%。

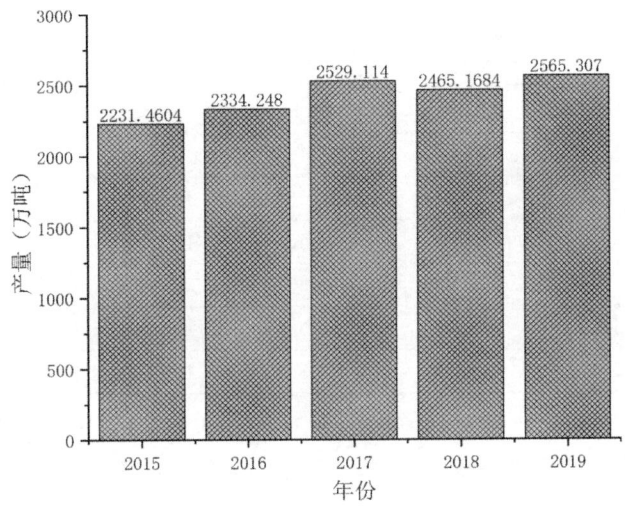

图 1-13　2015—2019 年全球皮棉总产量

(1)洲际皮棉产量分布概况

按洲际划分 2015—2019 年全球皮棉产量情况如图 1-13 所示。可以看出,与 1.1.1 节和 1.1.2 节中的棉花种植面积和籽棉产量相似,亚洲皮棉产量同样高居首位;与 1.1.2 节中所述的北美洲和大洋洲的籽棉产量基本相当形成鲜明对比的是,北美洲的皮棉产量远高于大洋洲的皮棉产量,两者相差近 5.7 倍;尽管非洲在棉花播种面积上超过南美洲,但皮棉产量却低于南美洲。这在一定程度上反映了科技力量在单产中的作用。

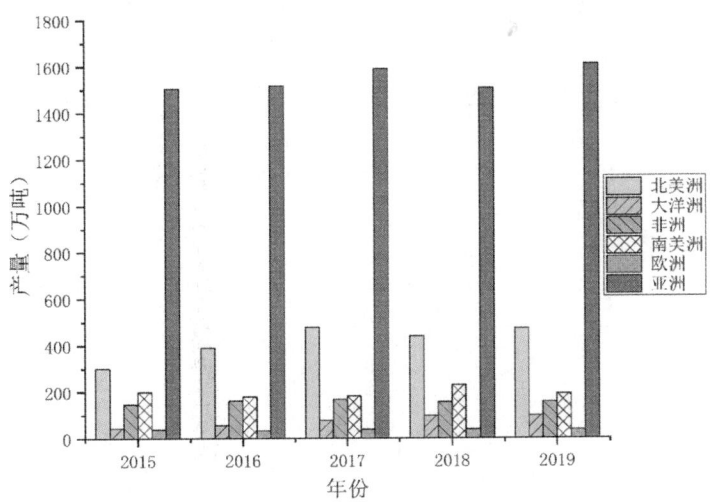

图 1-14　2015—2019 年全球皮棉产量(按洲际分类)

各洲 2015—2019 年具体皮棉产量见表 1-12。结合 1.1.1 节和 1.1.2 节的相关数据可见，与棉花播种面积和籽棉产量相似，这五年亚洲皮棉产量始终位居全球首位，且远超其他各洲的产量，这五年平均皮棉产量占全球皮棉总产量的 63.75%，约为其他五个洲际皮棉产量总和的 2 倍，足以可见亚洲在全球棉花生产与种植方面的地位牢不可破。

表 1-12 2015—2019 年各洲际皮棉产量

年份	洲际皮棉产量（万吨）					
	北美洲	大洋洲	非洲	南美洲	欧洲	亚洲
2015	300.727	42.156	146.138	199.458	36.960	1506.021
2016	390.734	55.090	160.587	177.768	33.487	1516.582
2017	478.629	77.449	165.557	180.761	37.190	1589.528
2018	440.703	95.040	155.555	228.434	37.988	1507.449
2019	472.871	97.648	156.361	191.206	36.406	1610.816
平均	416.733	73.476	156.840	195.525	36.406	1546.079

（2）主要产棉国的皮棉产量概况

就皮棉产量而言，2015—2019 年全球排名前 10 的国家分别是中国、印度、美国、巴西、巴基斯坦、土耳其、澳大利亚、乌兹别克斯坦、墨西哥和希腊。它们这五年的籽棉产量详情见表 1-8 中序号为 1~10 的记录条目。图 1-15 展示了排名前 10 的国家皮棉产量在全球籽棉产量中的占比情况。与棉花的播种面积相似，尽管印度在棉花种植面积方面稳居全球首位，但其籽棉和皮棉的产量均不占优势，如 2015 年、2018 年和 2019 年三年的籽棉产量均落后于我国，2015—2019 五年间仅 2016 年皮棉产量超过我国，其他年度均落后于我国。尽管我国在棉花播种面积上远落后于印度，但由于棉花单产较高，在皮棉总产量方面以 591.00 万吨/年的平均产量高居榜首。

表 1-13 展示了排名前 10 位的国家 2015—2019 年皮棉产量在全球皮棉总产量中的占比情况。与表 1-3 对比可以发现，皮棉产量与籽棉产量相似，相对于棉花播种面积更加趋向于集中化，排名前 10 位的国家皮棉产量占比 2015—2019 年均呈现上升的趋势，尤其是 2019 年的占比接近 90%，其他 70 多个产棉国的皮棉总产量的占比约为 10%，相差约 9 倍。

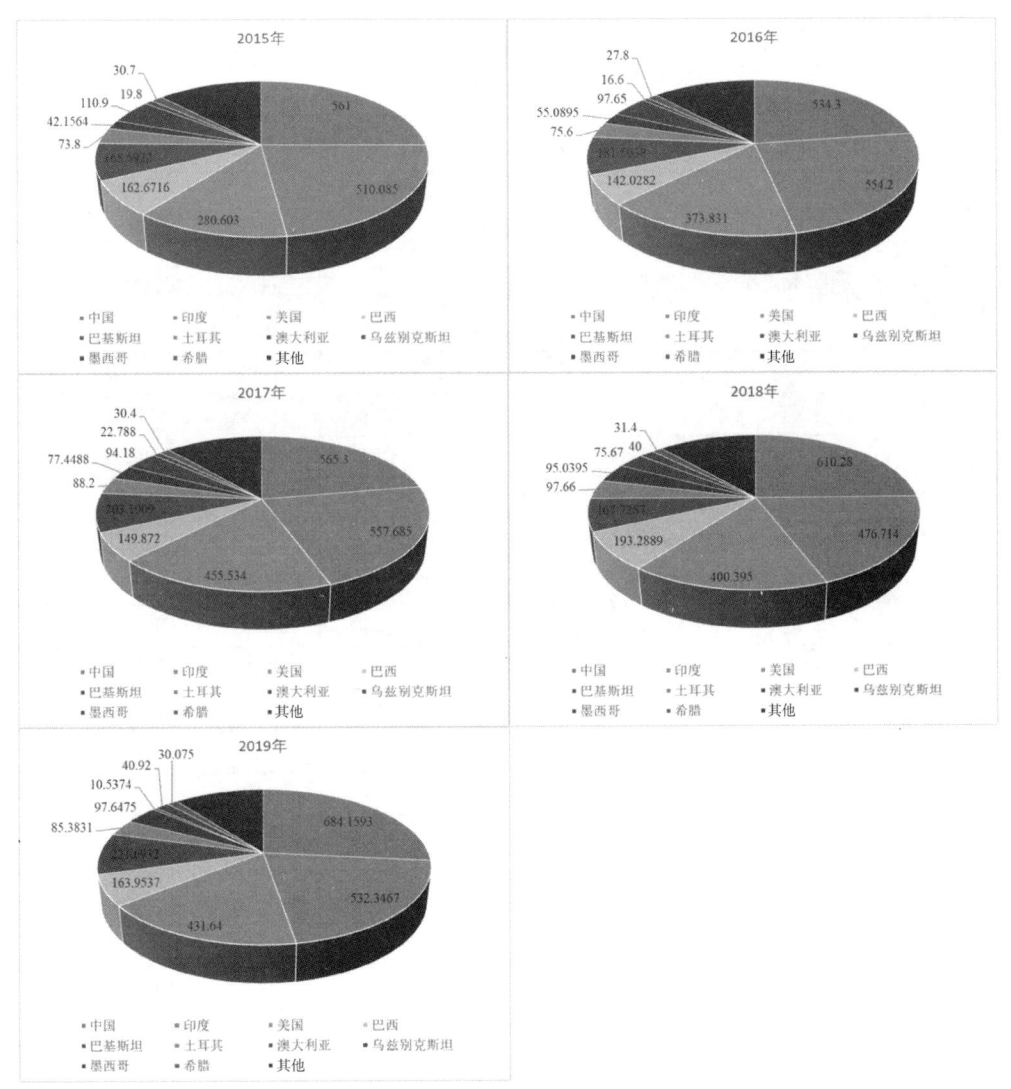

图 1-15 2015—2019 年全球皮棉产量前 10 名占比

表 1-13 2015—2019 年全球皮棉产量前 10 名占比

组别	年度籽棉产量占比(%)				
	2015 年	2016 年	2017 年	2018 年	2019 年
前 10 总和	87.85	88.19	88.75	88.76	89.59
其他总和	12.15	11.81	11.25	11.24	10.41

1.2.4 全球棉花单产概况

表 1-14 列举了 2015—2019 全球主要产棉国的单产概况。可见,澳大利亚这五年平均棉花产以 52885.4 百克/公顷(合 352.57 kg/亩)位居榜首,平均单产超过 300 kg/亩的国家有澳

大利亚、土耳其、墨西哥和中国,平均单产在200～300 kg/亩的有巴西、以色列、孟加拉国、埃及、老挝、希腊、西班牙、南非和吉尔吉斯斯坦,单产在100～200 kg/亩的国家有叙利亚等20个国家,其他产棉国的平均亩产在100 kg/亩以下。

表1-14 2015—2019年全球棉花单产概况

序号	国别	年度单产(100克/公顷)					
		2015年	2016年	2017年	2018年	2019年	平均
1	澳大利亚	64675	54157	41477	50505	53613	52885.4
2	土耳其	47235	50481	48856	49553	46044	48433.8
3	墨西哥	44542	46747	47618	48325	44246	46295.6
4	中国	44679	47478	35357	55131	48812	46291.4
5	巴西	38796	34774	41411	43096	42364	40088.2
6	以色列	45770	42926	45255	36090	25278	39063.8
7	孟加拉国	32979	34600	35289	34706	33852	34285.2
8	埃及	31632	30909	32967	34681	30500	32137.8
9	老挝	29293	31674	35230	31807	30861	31773
10	希腊	30357	30000	31091	31091	31091	30726
11	西班牙	30477	27231	31517	31517	31517	30451.8
12	南非	32907	38747	23510	27498	29557	30443.8
13	吉尔吉斯斯坦	30947	31415	31788	32423	23759	30066.4
14	叙利亚	27841	31690	30631	30061	29491	29942.8
15	危地马拉	27877	28178	28537	28826	29138	28511.2
16	美国	25917	26230	26713	26819	27120	26559.8
17	秘鲁	26052	25061	28601	21273	29735	26144.4
18	哈萨克斯坦	27583	26159	24395	25916	26246	26059.8
19	伊朗	24427	22820	28001	25319	24406	24994.6
20	乌兹别克斯坦	25856	23389	23759	20623	25646	23854.6
21	尼加拉瓜	21780	24500	24750	24450	23535	23803
22	阿根廷	17452	17866	24324	25485	26216	22268.6
23	哥伦比亚	33474	38504	21320	7143	7080	21504.2
24	摩洛哥	20566	20903	21220	21350	21615	21130.8
25	博茨瓦纳	20000	20000	20000	20000	19303	19860.6
26	朝鲜	19578	19703	19821	19912	20003	19803.4
27	阿塞拜疆	18835	17610	15267	17628	29495	19767
28	缅甸	21445	21690	20091	17460	17195	19576.2
29	巴基斯坦	16788	21042	21683	20348	17786	19529.4
30	塔吉克斯坦	16916	17514	22216	16163	21705	18902.8
31	安哥拉	18333	18333	18333	18333	18384	18343.2
32	洪都拉斯	17523	17762	18226	18231	18245	17997.4

续 表

序号	国别	年度单产(100 克/公顷)					
		2015 年	2016 年	2017 年	2018 年	2019 年	平均
33	萨尔瓦多	30000	14500	12088	12222	16769	17115.8
34	巴拉圭	11762	11800	14000	20000	15000	14512.4
35	埃塞俄比亚	13131	19167	14444	10000	10308	13410
36	印度	13431	15982	14019	11868	11566	13373.2
37	厄瓜多尔	13397	13342	13157	13120	13084	13220
38	柬埔寨	13207	13261	13224	12958	12899	13109.8
39	阿富汗	11984	11545	11547	14546	14810	12886.4
40	土库曼斯坦	14142	10909	12794	11555	11301	12140.2
41	乌干达	9769	11581	12396	10913	11444	11220.6
42	苏丹	15313	16395	6012	8336	9479	11107
43	阿尔巴尼亚	11081	11081	11081	11081	11086	11082
44	委内瑞拉	12791	13152	11531	8262	9252	10997.6
45	菲律宾	12000	12500	11111	9357	9539	10901.4
46	贝宁	8775	10770	11280	12633	11046	10900.8
47	几内亚比绍	11131	11132	10662	10439	10228	10718.4
48	喀麦隆	14682	13080	15730	4818	4788	10619.6
49	也门	10705	10657	10654	10381	10421	10563.6
50	布基纳法索	13784	11982	9993	6814	7288	9972.2
51	尼日尔	10006	9831	9726	9714	9703	9796
52	尼泊尔	10154	10320	8881	9603	9924	9776.4
53	马里	9418	9882	10355	9404	9628	9737.4
54	塞内加尔	10133	12000	9555	6957	10000	9729
55	保加利亚	7176	9468	9122	10186	12254	9641.2
56	伊拉克	15199	12381	3963	13704	2857	9620.8
57	布隆迪	7648	6802	7017	13169	13132	9553.6
58	马达加斯加	10526	9296	9331	9288	9312	9550.6
59	科特迪瓦	11194	8986	9111	9111	9111	9502.6
60	加纳	9255	9359	9453	9509	9564	9428
61	几内亚	9682	9558	9380	9239	9098	9391.4
62	玻利维亚	9286	9286	9286	9286	8812	9191.2
63	乍得	9310	11111	8333	8333	8333	9084
64	哥斯达黎加	7756	7141	7217	9870	10133	8423.4
65	赞比亚	8193	8634	8476	8254	8170	8345.4
66	中非	5416	4877	4848	3333	23193	8333.4
67	尼日利亚	6913	7631	8899	8453	8428	8064.8

续 表

序号	国别	年度单产(100 克/公顷)					
		2015 年	2016 年	2017 年	2018 年	2019 年	平均
68	越南	11721	10094	5717	5446	5581	7711.8
69	多哥	7215	8697	6801	7643	6455	7362.2
70	埃斯瓦蒂尼	6527	6534	6489	6358	6225	6426.6
71	津巴布韦	3821	3235	9577	8180	6853	6333.2
72	马拉维	6445	4006	7189	5434	6762	5967.2
73	坦桑尼亚	4518	4670	4844	6735	6376	5428.6
74	突尼斯	6279	5917	5378	4996	4541	5422.2
75	肯尼亚	5493	5505	6999	4410	4410	5363.4
76	海地	4869	4983	5049	5123	5201	5045
77	莫桑比克	4098	4323	4571	4960	5014	4593.2
78	刚果	4307	4214	4180	4180	4180	4212.2
79	索马里	3964	4031	4023	4021	4018	4011.4
80	泰国	5427	4383	3615	2971	2936	3866.4
81	冈比亚	3461	3572	3544	3515	3485	3515.4
82	格林纳达	3205	3210	3292	3354	3416	3295.4
83	阿尔及利亚	3077	3077	3077	3077	2909	3043.4
84	圣基茨	2500	2500	2500	2500	2500	2500
85	安提瓜	1750	1750	1750	1750	1753	1750.6
86	印度尼西亚	1241	2026	923	684	739	1122.6

(1)洲际皮棉产量分布概况

表 1-15 按洲际列举了各洲的 2015—2019 年棉花单产概况。由于大洋洲仅澳大利亚一个主要产棉国，因此澳大利亚的棉花单产即为大洋洲的棉花单产，以 52885400/公顷（合 352.57 kg/亩）位居各洲之首，亚洲单产位居第二，非洲单产最低。

表 1-15 2015—2019 年各洲际棉花单产概况

年份	洲际棉花单产(100 g/公顷)					
	北美洲	大洋洲	非洲	南美洲	欧洲	亚洲
2015	17065.36	64675	10470.06	19565.43	19772.75	21312.41
2016	16136.45	54157	10798.53	19817.71	19445	21455.93
2017	16158.18	41477	10213.97	19289.86	20702.75	20840.30
2018	16497.27	50505	9835.78	18056	20968.75	20647.63
2019	16550.55	53613	10356.67	17401.14	21487	20106.93
平均	16481.56	52885.4	10335	18826.03	20475.25	20872.64

(2) 主要产棉国的单产概况

表 1-16 列举了 2015—2019 年籽棉产量位居前 10 位的产棉国的棉花单产概况。

表 1-16　2015—2019 年各洲际棉花单产概况

国别	年度单产(100 g/公顷)					位次
	2015 年	2016 年	2017 年	2018 年	2019 年	平均	

国别	2015 年	2016 年	2017 年	2018 年	2019 年	平均	位次
澳大利亚	64675	54157	41477	50505	53613	52885.4	1
土耳其	47235	50481	48856	49553	46044	48433.8	2
墨西哥	44542	46747	47618	48325	44246	46295.6	3
中国	44679	47478	35357	55131	48812	46291.4	4
巴西	38796	34774	41411	43096	42364	40088.2	5
美国	25917	26230	26713	26819	27120	26559.8	16
乌兹别克斯坦	25856	23389	23759	20623	25646	23854.6	20
阿根廷	17452	17866	24324	25485	26216	22268.6	22
巴基斯坦	16788	21042	21683	20348	17786	19529.4	29
印度	13431	15982	14019	11868	11566	13373.2	36

1.3　棉花品种

目前,新疆棉花主栽品种普遍存在的多乱杂问题,已经直接影响了优良主栽品种的应用与棉花加工质量的控制。如表 1-17 中所列举的新疆部分棉花产区 2021 年推荐主栽和辅助棉花品种。可以看出,仅上述 10 个棉区推荐的主栽及辅助品种数量就多达 58 个,再加上兵团其他棉区和自治区各州县种植的棉花品种,仅新疆种植的棉花品种数量就将有过百种。

表 1-17　2021 年新疆部分棉区推荐主栽品种

序号	推荐产区	主栽品种	辅助品种
1	兵团第一师	塔河 2 号	新陆中 82 号、源棉 11 号、新陆中 85 号、J206－5、瑞杂 818、冀杂 708、中棉所 96A
2	兵团第五师	酒棉 13 号、惠远 720、新陆早 80 号、新陆早 84 号	先农棉 1 号、T115、H33－1－4
3	兵团第六师	新陆早 57 号、惠远 720、中棉 113、新陆早 84 号	新陆早 80 号、金科 20
4	兵团第七师	中棉所 92、K07－12、Z1112、中棉 113	z1146、天云 0769、中棉 201、新陆早 76 号、惠远 720、金科 20
5	兵团第八师	惠远 720、新陆早 84 号、新陆早 77 号	新陆早 74 号、新陆早 63 号、新石 K18、新陆早 80 号

续表

序号	推荐产区	主栽品种	辅助品种
6	沙湾市	新陆早76号、新陆早78号、创棉508、新石K18、新陆早61号	无
7	乌苏市	新陆早70号	新陆早76号、新陆早78号、新陆早83号
8	昌吉州玛纳斯县	新陆早78号、新陆早79号、新陆早82号	惠远720、新石K18、新陆早84号、中棉979
9	阿克苏	700Q;、MCR3915、新海62、新海49、新海56、新海31、塔河2号、新陆中58、新陆中87、新陆中84、新陆中62、新陆中80、新陆中75、新陆中40、新陆中68、中棉所88、兆丰28、DJ095、206-5、创棉50	无
10	博尔塔拉蒙古自治州	新陆早76号、新陆早63号、新陆早80号、新陆早54号、新陆早77号、金垦1402	无

表1-18列举了2016—2020年通过审定的国审棉新品种,可见这五年间全国新增国审棉新品种78个,其中2016年新增13个、2017年新增10个、2018年新增6个、2019年新增23个、2020年新增26个。尤其是2019年和2020年,新增棉花品种数量快速上升,有可能给棉花品种控制带来更大挑战。

表1-18 2016—2020年通过审定的国审棉新品种

序号	年份	品种名称	审定编号	育种者
1	2016	银兴棉28	国审棉20160001	山东银兴种业股份有限公司
2	2016	硕丰棉1号	国审棉20160002	保定硕丰农产股份有限公司
3	2016	中棉所100	国审棉20160003	中国农业科学院棉花研究所
4	2016	瑞棉1号	国审棉20160004	济南鑫瑞种业科技有限公司、中国农业科学院生物技术研究所
5	2016	瑞杂818	国审棉20160005	济南鑫瑞种业科技有限公司、中国农业科学院生物技术研究所
6	2016	锦科707	国审棉20160006	新乡市锦科棉花研究所、新疆桑塔木种业股份有限公司
7	2016	宁棉2号	国审棉20160007	江苏神农大丰种业科技有限公司
8	2016	国欣棉16	国审棉20160008	河间市国欣农村技术服务总会、中国农业科学院生物技术研究所
9	2016	Z1112	国审棉20160009	新疆兵团第七师农业科学研究所、新疆锦棉种业科技股份有限公司
10	2016	新石K18	国审棉20160010	新疆石河子棉花研究所

续 表

序号	年份	品种名称	审定编号	育种者
11	2016	J206－5	国审棉 20160011	新疆金丰源种业股份有限公司
12	2016	创棉 501 号	国审棉 20160012	创世纪种业有限公司
13	2016	中棉所 99	国审棉 20160013	中国农业科学院棉花研究所
14	2017	锦科杂 10 号	国审棉 20170001	新乡市锦科棉花研究所、中国农业科学院生物技术研究所
15	2017	YM111	国审棉 20170002	邯郸市农业科学院
16	2017	邯 818	国审棉 20170003	邯郸市农业科学院
17	2017	航棉 12	国审棉 20170004	安徽绿亿种业有限公司
18	2017	国欣棉 15	国审棉 20170005	河间市国欣农村技术服务总会
19	2017	晶华棉 112	国审棉 20170006	荆州市晶华种业科技有限公司
20	2017	江农棉 2 号	国审棉 20170007	江西农庄主农业科技开发有限公司
21	2017	惠远 720	国审棉 20170008	新疆惠远种业股份有限公司
22	2017	新石 K21	国审棉 20170009	石河子农业科学研究院
23	2017	禾棉 A9－9	国审棉 20170010	巴州禾春洲种业有限公司
24	2018	中棉所 110	国审棉 20180001	中国农业科学院棉花所、山东众力棉业科技有限公司
25	2018	鲁棉 1127	国审棉 20180002	山东棉花研究中心
26	2018	鲁杂 2138	国审棉 20180003	山东棉花研究中心
27	2018	华惠 13	国审棉 20180004	湖北惠民农业科技有限公司
28	2018	湘杂 198	国审棉 20180005	湖北省荆州田野种业有限公司
29	2018	创棉 508	国审棉 20180006	创世纪种业有限公司
30	2019	华惠 15	国审棉 20190001	湖北惠民农业科技有限公司
31	2019	冈 0996	国审棉 20190002	武汉佳禾生物科技有限责任公司、黄冈市农业科学院
32	2019	国欣棉 18 号	国审棉 20190003	河间市国欣农村技术服务总会、新疆国欣种业有限公司
33	2019	ZHM19	国审棉 20190004	湖南省棉花科学研究所
34	2019	中棉所 119	国审棉 20190005	中国农业科学院棉花研究所
35	2019	鲁棉 696	国审棉 20190006	山东棉花研究中心
36	2019	国欣棉 25	国审棉 20190007	河间市国欣农村技术服务总会、新疆国欣种业有限公司
37	2019	中棉所 117	国审棉 20190008	中国农业科学院棉花研究所
38	2019	聊棉 15 号	国审棉 20190009	聊城市农业科学研究院、山东银兴种业股份有限公司
39	2019	鲁棉 238	国审棉 20190010	山东棉花研究中心

续表

序号	年份	品种名称	审定编号	育种者
40	2019	中棉所 115	国审棉 20190011	中国农业科学院棉花研究所
41	2019	鲁棉 2387	国审棉 20190012	山东棉花研究中心
42	2019	中棉 425	国审棉 20190013	中国农业科学院棉花研究所、山东众力棉业科技有限公司
43	2019	冀丰 103	国审棉 20190014	河北省农林科学院粮油作物研究所、河北冀丰棉花科技有限公司
44	2019	庄稼汉 902	国审棉 20190015	石河子市庄稼汉农业科技有限公司
45	2019	F015－5	国审棉 20190016	新疆金丰源种业股份有限公司
46	2019	H33－1－4	国审棉 20190017	新疆合信科技发展有限公司
47	2019	金科 20	国审棉 20190018	北京中农金科种业科技有限公司
48	2019	惠远 1401	国审棉 20190019	新疆惠远种业股份有限公司
49	2019	新石 K28	国审棉 20190020	中国农业科学院棉花研究所、石河子农业科学研究院
50	2019	中棉 201	国审棉 20190021	中棉种业科技股份有限公司
51	2019	创棉 512	国审棉 20190022	创世纪种业有限公司
52	2019	J8031	国审棉 20190023	新疆金丰源种业股份有限公司
53	2020	国欣棉 31	国审棉 20200001	河间市国欣农村技术服务总会，新疆国欣种业有限公司
54	2020	中生棉 11 号	国审棉 20200002	中国农业科学院生物技术研究所
55	2020	湘 X1251	国审棉 20200003	湖南省棉花科学研究所
56	2020	华田 10 号	国审棉 20200004	湖北华田农业科技股份有限公司
57	2020	中生棉 10 号	国审棉 20200005	中国农业科学院生物技术研究所
58	2020	华杂棉 H116	国审棉 20200006	华中农业大学
59	2020	鲁棉 532	国审棉 20200007	山东棉花研究中心
60	2020	德利农 12 号	国审棉 20200008	德州市德农种子有限公司
61	2020	中棉 9001	国审棉 20200009	中国农业科学院棉花研究所
62	2020	邯棉 6101	国审棉 20200010	邯郸市农业科学院
63	2020	邯棉 3008	国审棉 20200011	邯郸市农业科学院
64	2020	邯 218	国审棉 20200012	邯郸市农业科学院
65	2020	金农 308	国审棉 20200013	天津金世神农种业有限公司
66	2020	中棉所 9708	国审棉 20200014	中国农业科学院棉花研究所
67	2020	国欣棉 26	国审棉 20200015	河间市国欣农村技术服务总会，新疆国欣种业有限公司
68	2020	中棉所 9711	国审棉 20200016	中国农业科学院棉花研究所
69	2020	中 M04	国审棉 20200017	中国农业科学院棉花研究所

续表

序号	年份	品种名称	审定编号	育种者
70	2020	H219	国审棉 20200018	新疆合信科技发展有限公司
71	2020	H216	国审棉 20200019	新疆合信科技发展有限公司
72	2020	金垦 1643	国审棉 20200020	新疆农垦科学院棉花研究所
73	2020	LP518	国审棉 20200021	安徽隆平高科种业有限公司
74	2020	X19075	国审棉 20200022	新疆合信科技发展有限公司
75	2020	巴 43541	国审棉 20200023	新疆巴音郭楞蒙古自治州农业科学研究院
76	2020	中棉所 96B	国审棉 20200024	中国农业科学院棉花研究所
77	2020	K7	国审棉 20200025	新疆石大科技股份有限公司
78	2020	创棉 517	国审棉 20200026	创世纪种业有限公司

数据来源：中华人民共和国农业农村部[1][2][3][4]

1.4 小　结

本章主要由安徽财经大学周万怀老师主笔撰写，张雪东老师、李浩老师、梁后军老师负责协助数据收集和分析，刘从九和徐守东老师负责审查。文中所采用的数据均来自世界粮农组织（Food and Agriculture Organization of the United Nations，FAO）、中华人民共和国国家统计局（National Bureau of Statistics of the People's Repulic of China，NBSPRC）以及中华人民共和国农业农村部（Ministry of Agriculture and Rural Affairs of the People's Republic of China，MARAPRC）等官方权威数据。由于棉花年度的特殊性，截至撰写时部分数据仅更新到 2019 年，特此说明。这里对本章中的数据来源单位和对内容起到帮助的引文作者及相关单位表示衷心的谢意！

---

[1] 中华人民共和国农业农村部公告第 2547 号. 中华人民共和国农业部[EB/OL]. http://www.zys.moa.gov.cn/gzdt/201707/t20170712_6313563.htm，2017.6.29.

[2] 中华人民共和国农业农村部公告第 65 号. 中华人民共和国农业农村部[EB/OL]. http://www.moa.gov.cn/nybgb/2018/201810/201812/t20181218_6165104.htm，2018.10.20.

[3] 中华人民共和国农业农村部公告第 224 号. 中华人民共和国农业农村部[EB/OL]. http://www.zys.moa.gov.cn/gsgg/201911/t20191104_6331055.htm，2019.10.31.

[4] 中华人民共和国农业农村部公告第 360 号. 中华人民共和国农业农村部[EB/OL]. http://www.zzj.moa.gov.cn/gsgg/202012/t20201202_6357482.htm，2020.11.26.

第 2 章 棉花加工报告

2.1 棉花加工业概况

2.1.1 棉花加工工艺发展现状

棉花加工在棉花产业链、供应链与价值链中占据重要地位。中国棉花加工业包括棉机制造、棉花及副产品加工和精深加工。中国棉花加工的发展既有政策改革的推动,也伴随着科学与技术的进步,特别是随着棉花质检体制改革与目标价格改革的实施,中国的棉花加工进入信息化与数字化时代。伴随着政策改革与技术进步,特别是在标准引领作用下,中国棉花加工业发生了翻天覆地的变化,加工技术与产能相继进入世界前列,信息化、智能化、数字化成为棉花加工的新特征。棉包条码成为产业大数据的基础,实现了棉包数据的现场采集,为加工业数字化发展奠定了基础。

2.1.2 棉花加工产业政策发展变化及现状

棉花产业的发展变革,经历了计划经济到市场经济的转变,纵观中国棉花加工的发展历程,离不开产业政策与市场的双轮驱动,伴随着市场化的深入,政策主导逐步向市场引导转变,市场作为资源配置中的决定地位进一步得到体现。计划经济时代实行统购统销,棉花加工基本上以国有农场、棉麻公司等为主体,棉花主产县标配棉花加工企业,企业数量较少,具有典型的计划供应特征,加工产能不足,加工周期长,只能基本满足加工需要,属于有加工厂就有资源,就有资源配置权的时代。

1998 年棉花流通体制改革,棉花由计划经济时代进入市场经济时代,特别是伴随着我国加入 WTO,市场为主体的作用显著增加,市场活力得到释放,棉花加工企业数量猛增。据不完全统计,仅 1998 年至 2003 年五年间全国棉花加工企业就从 3900 家增至 15000 多家,增幅 385%。全国加工能力超过 2250 万吨,远远超出棉花产量和行业需求,出现了产能过剩。

面对产能过剩的问题,2003 年底国家启动棉花质量检验体制改革,进入收购放开,管住加工的棉花质检体制改革时代。随着加工环节采取仪器化公证检验政策的实施,到 2009 年质检体制改革结束,与国际接轨的 400 型棉花加工企业共有 1800 余家,合计 1900 余条生产线。受到 2008 年经济危机和 2011 年开始的三年临时收储政策影响,企业加工利润稳定,动态进出机制下,2012 年末棉花加工生产线达到 2300 余条。

为解决农产品精准补贴问题,国家从 2014 年开始在新疆试点棉花目标价格改革,新疆正式进入棉花目标价格时代,通过入库公检核准质和量,直接补贴到种植农户的模式,让加工企业真正成为市场化风险的承担主体,棉花的价格高低由市场供需决定。目前全国棉花加工企业数量维持在约2400家,棉花加工生产线维持在约2800条。随着政策和市场化的深入,特别是临时收储结束,企业整体开工率呈现下降趋势,目前维持开工的加工厂数量约1100家。

随着棉花加工行业的数字化、网络化趋势加速,一些有经济实力与风险控制能力的贸易企业、纺织企业逐渐涉足加工领域,有实力的企业集团掌控能力逐步增强,通过现代化、金融化的资本运作方式,使得加工企业抗风险能力和盈利能力也在逐步增强。

2.2 加工产能概况

2.2.1 产能概况

截止到2020年底,包含新疆自治区与新疆生产建设兵团在内,全国配备400型打包机及相应的棉包信息管理系统的新型棉花加工企业数量累计约2400家,棉花加工生产线约2800条。假设每条棉花加工生产线年加工能力为5000吨,则全国棉花加工行业年加工能力为1400余万吨,明显超出当前500~600万吨的棉花产量的需求。因此,目前全年正常开工的企业实际维持在1100家左右。据中国纤维质量监测中心和i棉网统计数据显示,2020年全国开工生产的棉花加工企业数量为1043家。

2.2.2 产能分布

据统计,截至2020年12月,全国配备400型打包机及相应的棉包信息管理系统的新型棉花加工企业分布如表2-1所示。其中,新疆自治区814家(其中706家开工生产)棉花加工企业保有985条棉花加工生产线,新疆生产建设兵团293家(其中219家开工生产)加工企业保有459条棉花加工生产线,产能占比分别为65.79%和31.74%,累计产能占比97.53%;内地的长江流域棉区和黄河流域棉区累计保有棉花加工企业1379家,加工企业数量占比55.47%,然而实际加工产量占比却仅为2.47%。由此可见,新疆自治区和新疆生产建设兵团的棉花加工企业开工率较高,而与之形成鲜明对比的是内地棉花加工企业正常开工生产的比例却极低。

表2-1 2020年全国棉花加工产能分布概况

序号	省份/地区	开工企业数量	加工量(万吨)	占比(%)
1	新疆自治区	706	353.94	65.79
2	新疆生产建设兵团	219	170.76	31.74
3	山东	76	9.08	1.69
4	河北	21	1.41	0.26
5	安徽	2	0.12	0.02
6	湖北	5	0.21	0.04
7	甘肃	13	2.26	0.42
8	江苏	1	0.22	0.04

2.2.3 产能分布特点

按新疆地区加工企业年加工能力统计,2020年新疆自治区和新疆生产建设兵团棉花年加工量超过1万吨的加工企业数量达97家,较2019年同期增加6家,占比约为10.46%;年加工量超过2万吨的企业数量达15家,较2019年同期增加1家,占比约为1.62%;年加工量超过3万吨的企业数量为1家,较2019年同期减少5家,占比约为0.11%。由此可见,超大型棉花加工企业数量有所降低,而中大型棉花加工企业有所增加,资源分片集中现象凸显。同时,伴随着集团化运作和加工企业的兼并重组,出现了类似中棉集团、利华集团和山东水控等一大批集团企业。

相反,在内地只有山东、河北、湖北部分地区依旧保持棉花种植,但棉花的播种面积、棉花产量和棉花种植从业人员的数量均呈现明显的下降趋势。补贴、收益成为制约内地棉花产量的重要瓶颈。

2.3 锯齿轧花机发展现状、存在问题及发展方向

随着我国棉花加工产业的飞速发展,加工设备及工艺也日趋完善。但是,受国内劳动力成本的上涨和棉纺织企业对棉花加工质量要求不断提高的影响,棉花加工企业对加工设备在智能化、大型化、精细化等方面提出了新的要求,这也是新一代棉花加工设备研究发展的方向。锯齿轧花机作为棉花加工厂最主要的加工设备,使用者对其加工配套性、设备运转的稳定性、轧工质量、智能自动控制等要求也越来越高。2020年以来我国棉花加工厂受新疆建设兵团改制的影响,大量私营棉花加工企业纷纷成立,带动了锯齿轧花机的需求,新建立的棉花加工生产线,158片以下锯齿轧花机已基本被淘汰,大型化、自动化的设备已成为目前棉花加工生产线的标配。国内龙头企业山东天鹅棉业机械股份有限公司通过承担国家"十三五"重点研发计划项目,根据市场需求,集成国内、国际棉机行业的先进技术,研发了国内锯齿轧花机产量最大、智能化程度最高的MYZ215自适应锯齿轧花机,该机采用215片锯片,产量可达到3t/h,提高生产线加工能力,使整个生产线高效运行,每小时平均产能达到50~60包。智能化方面可实现工作点、伸出量等参数上的自动调整,在线精确调整轧花机参数,使设备工作参数始终处于最佳运行状态,达到提高皮棉质量、提高设备效率的目的。此款新机型于2020年在新疆五家渠市龙佰力棉业有限公司在线试车成功,运行良好,为棉花加工行业向大型化、规模化、自动化发展做好了铺垫。

锯齿轧花机下一步将实现根据加工籽棉的含水、含杂、颜色级等关键数据以及棉卷运转状况等,在线精确调整轧花机参数。另外通过关键部件研发运用新材料新工艺,提高质量和使用寿命,易操作易维护,逐步实现加工周期内免维护。开发轧花机纤维梳理和纤维清理功能,进一步提高皮棉质量,实现高产、高质。

图 2-1　山东天鹅棉业有限公司生产的 MYZ215 型锯齿轧花机

2.4　剥绒机发展现状、存在问题及发展方向

我国棉花种植面积大，籽棉资源丰富，棉短绒相当于皮棉总量的 20%，是国防工业、化纤工业、纺织工业的重要原料，极有经济价值。剥绒机在棉花加工产业链中是非常重要的加工设备，机械式剥绒机的种类较多，根据机器主要工作部件的钢度不同，可分为钢性工作部件（如锯齿剥绒机和磨料剥绒机）和弹性工作部件（如钢丝刷辊剥绒机）两大类。其中刚性工件部件的锯齿剥绒机生产效率较高，适应性较好，是我国使用的主要剥绒机。锯齿剥绒机有很多形式，按刷绒形式分，有毛刷式和气流式；按锯片数量分，有 200 型、179 型、164 型、160 型、144 型等类型；按层数分，有单层式、双层式和三层式等。目前市场在用的主要的机型有山东天鹅棉业机械股份有限公司的 MR-144、MR-161、MR-164S、MR-179；江苏大丰的 MR-160；河北邯郸金狮棉机厂的 MRQⅡ-160、MRQ-200 等。

目前设备存在的问题主要有：锯筒还需要人工拆装；不能根据加工情况实时调节喂籽量；不能根据加工量的变化，实时调整功率的输出，使能耗比最佳；加工质量还是要人工定时采集判定；设备密封性差，易造成环境的污染；单台产量低等。

随着我国工业的不断发展，剥绒机也要向大型化、信息化、智能化、环保方向发展，实现锯筒的拆装全程机械化，降低工人的劳动强度；锯筒不用拆卸实现锯片斩齿；加工质量实现智能化实时采集；根据采集到的加工信息，实现喂籽量的自动调整；根据喂籽量的多少，功率输出最佳化，使能耗比最佳；提高单台产能等是今后剥绒机需要提升的方向。

2.5 采棉机发展现状、存在问题及发展方向

采棉机作为棉花生产全程机械化中技术性最强、行业壁垒最高的农机装备类型,采棉机的发展水平决定了棉花种植全程机械化的发展好坏,采棉机是棉花种植机械领域关键、核心装备,也是我国棉花种植机械短板行业。

国外对采棉机的研究起步较早,美国从1850年就开始采棉机械的研制和机采棉技术的研究,1889年美国发明家坎贝尔制成了世界上最早的摘锭式采棉机。1942年美国采棉机开始投入批量生产,1964年基本实现机采棉机械化,1975年美国机械采棉的程度已达到100%,机采棉技术和采棉机数量均居世界第一位。

国产采棉机重点集中在中小型3行机,山东天鹅棉业机械股份有限公司、中国铁建重工集团有限公司、新疆钵施然农业机械科技有限公司、星光农机股份有限公司、北京现代农装等企业的六行采棉机开始入市。国内采棉机市场,约翰迪尔和凯斯纽荷兰采棉机长期以来占据主导位置,近几年,随着国内采棉机制造企业的产业能力提升,国产采棉机逐步成熟,逐渐被市场认可,并取得了良好的市场成绩,国产采棉机已经开始对外资品牌采棉机形成替代效应。尤其是山东天鹅棉业机械股份有限公司研发了我国第一台自主产权的六行自走式打包采棉机,可实现采棉机田间连续不间断采摘作业,提高棉花收获的采摘效率,减少了籽棉异性纤维混入的机会,便于籽棉的运输和存放,并提高棉花加工生产线的加工效率,实现棉花采摘与棉花加工提质增效的双重突破,打破了国外企业的垄断,满足国内棉花生产对采棉机日益增长的需求,推进棉花机械采收技术在全国全面快速地推广应用。

国外采棉机其关键零部件普遍采用了如动力换挡变速箱、电液悬挂、减震密封驾驶室、行车电脑等新型技术,使得整机具有环保、节能、舒适与智能化的特点,产品可靠性很高。我国采棉机目前仍以中低端产品为主,主要产品在棉花采摘系统、输棉系统、集棉卸棉系统不逊于国外技术,但在采棉机的动力传动性能、配置及可靠性指标方面,与发达国家相比,仍具有一定的差距,这也是当今我国采棉机的技术瓶颈和研发方向。

图 2-2 主流采棉机机型示意

2.6 籽(皮)棉清理机发展现状及存在的问题

2.6.1 异纤、棉叶清理机

2020年我国机采棉技术快速推广,机采率逐年提高,2020、2021年度,新疆机采棉占比已上升至70%以上。由于我国机采棉种植广泛采用地膜覆盖技术、新型高效节水滴灌等技术,机械采收时造成机采棉中含有大量的塑料地膜、滴灌带等异性杂质,人工手摘棉花也很容易混入头发、化纤丝、动物毛等异性纤维。这些杂质经过生产线多级清理后被击打成更小的碎片与棉纤维混杂在一起很难清除。我国棉纺企业反映国产棉花里的异性纤维多,其含量总体上高于国外先进国家。棉花中的毛发、地膜碎片等较多,大部分棉花都达不到纺织企业要求异性纤维含量"控制在≤0.1−0.3 g/t"的标准,而棉纺企业又难以清除,对成纱质量影响较大,后端企业要求索赔现象时有发生。

近年来,棉机制造企业持续对籽棉异性纤维识别、清除等相关技术进行了研究并取得了相关技术突破。国家"十二五"、"十三五"国家重点研发计划项目设置专项课题,加大对异性纤维清除技术的研究资金支持,各棉机制造企业不断优化完善新型异性纤维清理设备,实现异性纤维清除技术与设备的升级换代。其典型结构由长三丝缠绕部、棉叶清理部、扩散分离部、杂质分离部、支架部、引风管道、定向补风口及操作平台等部分组成,详见图2-3。

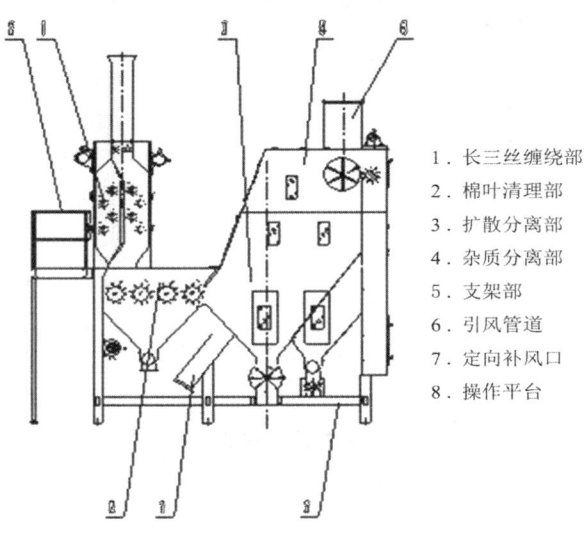

1. 长三丝缠绕部
2. 棉叶清理部
3. 扩散分离部
4. 杂质分离部
5. 支架部
6. 引风管道
7. 定向补风口
8. 操作平台

图2-3 异性纤维清理机结构示意图

主流设备其核心机理是在籽棉清理工艺中,设计了多层次的清杂机构,利用双通道缠绕机构不间断清除滴灌带、地膜等长三丝;利用多个开松滚筒,把籽棉充分开松并抛射出去,使籽棉呈沸腾状态,利用气力分选原理,分离、捕捉并清除细小地膜、毛发等异性纤维,提高异性纤维的清除效率。

表 2-2　异纤、棉叶清理机主要性能指标

序号	指标项	参数要求/规格
1	台时处理量	10t/h、12t/h、15t/h、20t/h
2	软特杂清除率	≥85%
3	残膜清除率	≥80%
4	人发、畜(禽)毛清除率	≥40%
5	棉叶、尘土等细小杂质清除率	≥50%
6	噪声	≤85dB(A)

2.6.2　倾斜式籽棉清理机

倾斜式籽棉清理机主要是用于机采棉加工的高效籽棉清理设备,能够清除籽棉中的叶杂、尘土及不孕籽等杂质。市场主流型号有 MQZQ－8、MQZQ－10、MQZQ－12、MQZQ－15、MQZQ－20。有效工作宽度为 2000mm、2500mm、3200mm、3600 mm、3950 mm 等,详见图 2-4。

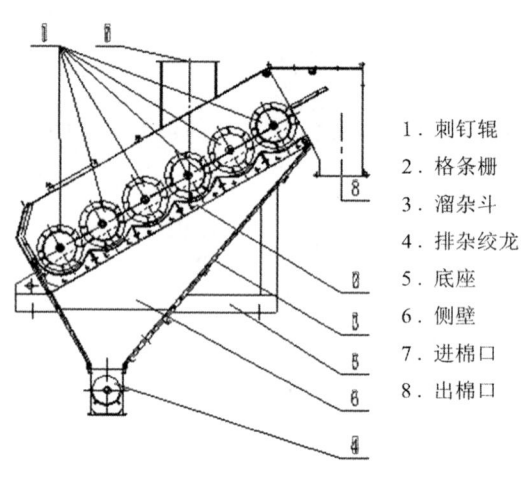

1．刺钉辊
2．格条栅
3．溜杂斗
4．排杂绞龙
5．底座
6．侧壁
7．进棉口
8．出棉口

图 2-4　倾斜式籽棉清理机

表 2-3　倾斜式籽棉清理机主要性能指标

序号	指标项	参数要求/规格
1	台时处理量	8t/h、10t/h、12t/h、15t/h、20t/h
2	清杂效率	50%～60%
3	百公斤籽棉耗电量	不大于 0.19 kW·h
4	噪声	≤85dB(A)

2.6.3　回收式籽棉清理机

回收式籽棉清理机是具有回收排出杂质中含有的单粒籽棉功能的籽棉清理设备,排杂网

间隙较倾斜式籽棉清理机排杂网间隙大,能够清除籽棉中的叶杂、尘土及不孕籽等杂质。回收式籽棉清理机主要型号有 MHZQ－8、MHZQ－10、MHZQ－12、MHZQ－15 MHZQ－20 等系列,有效工作宽度为 2000mm、2500mm、3200mm、3600 mm、3950 mm 等,详见图 2-5。

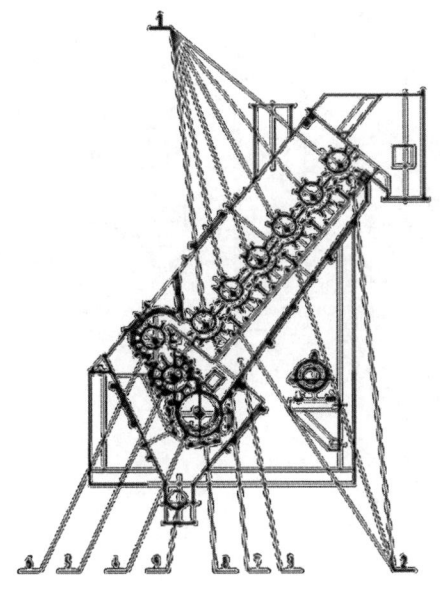

1. 刺钉辊
2. 格条栅
3. 溜杂板组合
4. 齿条辊
5. 拨棉辊
6. 回收刺钉辊
7. 钢丝刷
8. 格条栅
9. 排杂绞龙

图 2-5 回收式籽棉清理机

表 2-4 回收式籽棉清理机主要性能指标

序号	指标项	参数要求/规格
1	台时处理量	8t/h、10t/h、12t/h、15t/h、20t/h
2	清杂效率	50%～60%
3	百公斤籽棉耗电量	不大于 0.18 kW·h
4	噪声	≤85dB(A)

2.6.4 清铃机

清铃机是为适用机采棉而研制的籽棉清理设备,可有效地清除籽棉中的棉铃、棉壳、棉秆、僵瓣棉、硬杂及尘杂等杂质。清铃机主要有 MQZL－8、MQZL－10、MQZL－12、MQZL－15、MQZL－20 等型号。有效工作宽度为 2000mm、2500mm、3200mm、3600 mm、3950 mm 等,详见图 2-6。

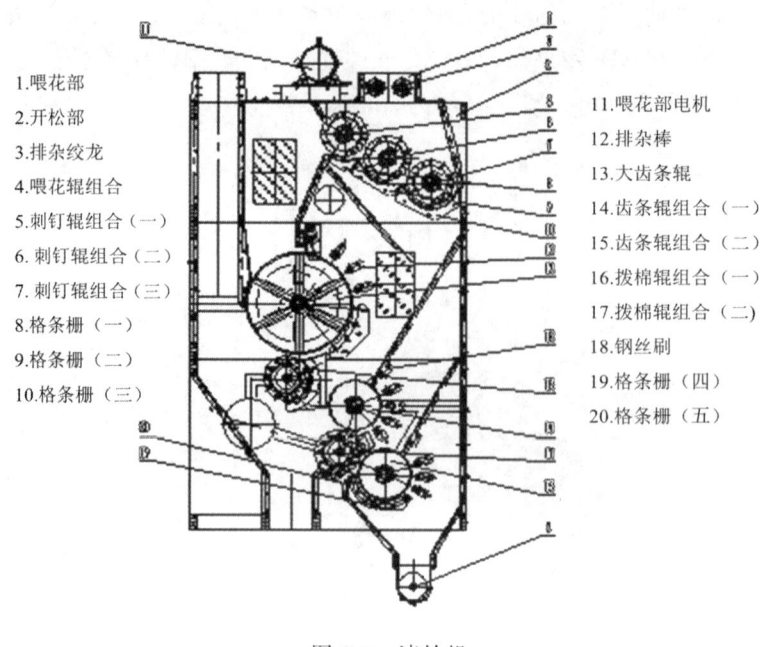

图 2-6 清铃机

表 2-5 清铃机主要性能指标

序号	指标项	参数要求/规格
1	台时处理量	8t/h、10t/h、12t/h、15t/h、20t/h
2	清铃效率	≥85%
3	清秆/壳效率	≥85%
4	清僵效率	≥85%
5	清杂效率	50%～60%
6	百千克籽棉耗电量	0.18kW·h
7	噪声	≤85dB(A)

2.6.5 提净式籽棉清理机

MQZL－15B1智能低损伤提净式籽棉清理机采用大滚筒,一次钩拉,大空间排杂的设计理念,在提净式籽棉清理机开松均匀度控制和齿条辊排杂区域控制,以及排杂棒布置等方面进行了结构创新,同时实现了设备运行参数随籽棉含杂率参数智能调节,并联动调控籽棉喂料机产量,技术集成水平和产品研发有较大突破和创新,达到了提高清铃清杂效率,降低纤维损伤的目的,整体技术水平国内领先,详见图2-7。

图 2-7　MQZL－15B1 智能低损伤提净式籽棉清理机

2.6.6　组合式籽棉清理机

随着机采棉技术快速推广，原手摘棉加工工艺生产线需要进行技术改造，由于老厂房的高度和宽度限制，为了减少基建投资成本，我国棉机制造企业适时推出了多种籽清机组合清理机系列，以满足不同轧花厂的技改需求。其品种主要有双回收式籽棉清理机、回收倾斜式籽棉清理机、清铃回收式籽棉清理机。主要产品型号按处理量分为 10t/h、12t/h、15t/h、20t/h 等几种，有效工作宽度为 2500mm、3200mm、3600 mm、3950 mm 等。各单元主要技术性能指标与单机性能指标相当。详见图 2-8、图 2-9、图 2-10。

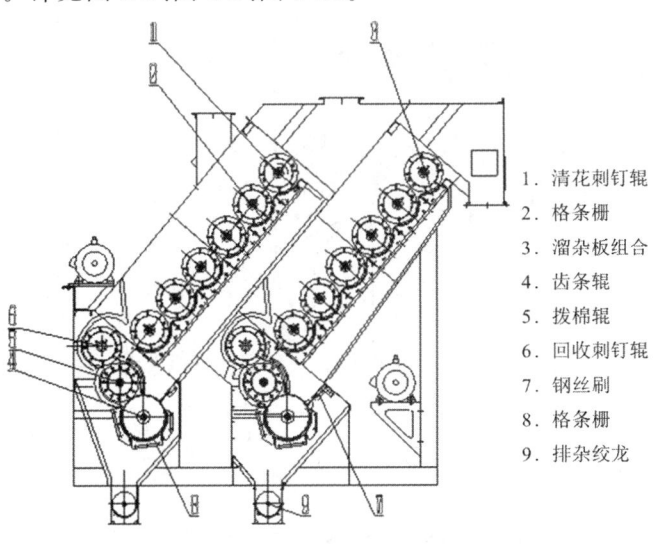

1. 清花刺钉辊
2. 格条栅
3. 溜杂板组合
4. 齿条辊
5. 拨棉辊
6. 回收刺钉辊
7. 钢丝刷
8. 格条栅
9. 排杂绞龙

图 2-8　双回收式籽棉清理机

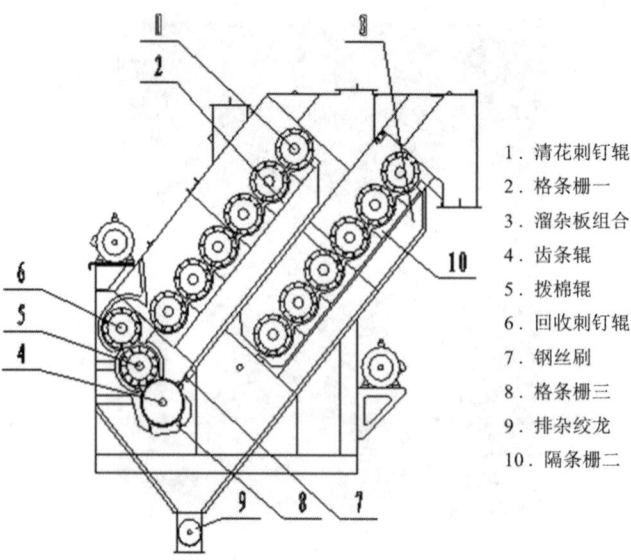

1. 清花刺钉辊
2. 格条栅一
3. 溜杂板组合
4. 齿条辊
5. 拨棉辊
6. 回收刺钉辊
7. 钢丝刷
8. 格条栅三
9. 排杂绞龙
10. 隔条栅二

图 2-9 回收倾斜式籽棉清理机

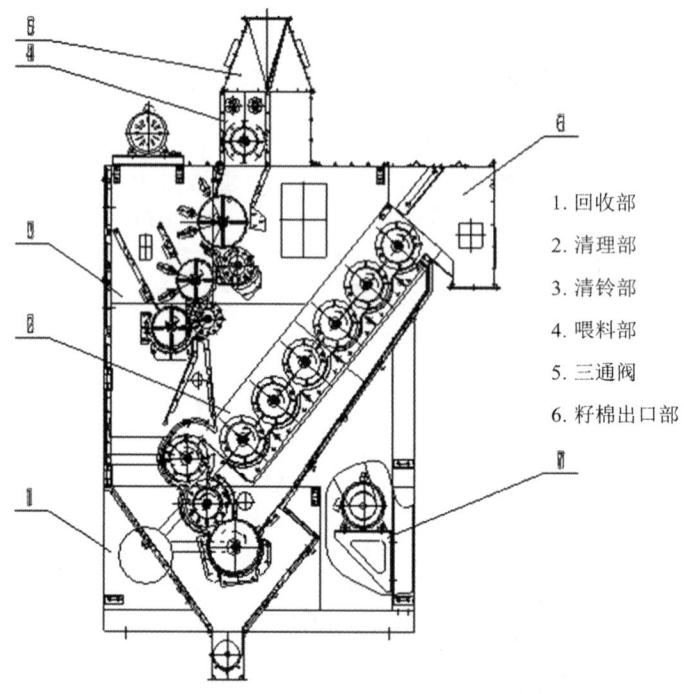

1. 回收部
2. 清理部
3. 清铃部
4. 喂料部
5. 三通阀
6. 籽棉出口部

图 2-10 清铃回收式籽棉清理机

2.6.7 皮棉清理机

皮棉清理机主要指锯齿式皮棉清理机,是用于清除皮棉中的杂质与疵点,改善皮棉的外观形态,提高皮棉质量的设备,与锯齿轧花机配套使用。锯齿式皮棉清理机根据脱棉方式不同,主要有毛刷式皮棉清理机和气流式皮棉清理机,根据刺辊直径不同,主要有 φ400mm 和 φ600mm 等规格,有效工作宽度为 2000mm、2600mm、3000mm 等规格,根据主要结构不同,有不带给棉板(详见图 2-11A)和带给棉板(详见图 2-11B)两种主要结构,满足轧花厂不同配套需求。

表 2-8 皮棉清理机主要性能指标

序号	指标项	参数要求/规格
1	生产能力	不小于 1200 kg/h
2	清杂效率	清前皮棉含杂率为大于 2.5% 时,清杂效率不小于 40%
3	杂质含白棉率	清理出的杂质含白棉率不大于 50%
4	皮棉质量	清理后的皮棉质量符合 GB1103.1—2012 中的轧工质量的规定
5	百千克籽棉耗电量	1.5 kW·h
6	噪声	空载噪声不大于 85dB(A)

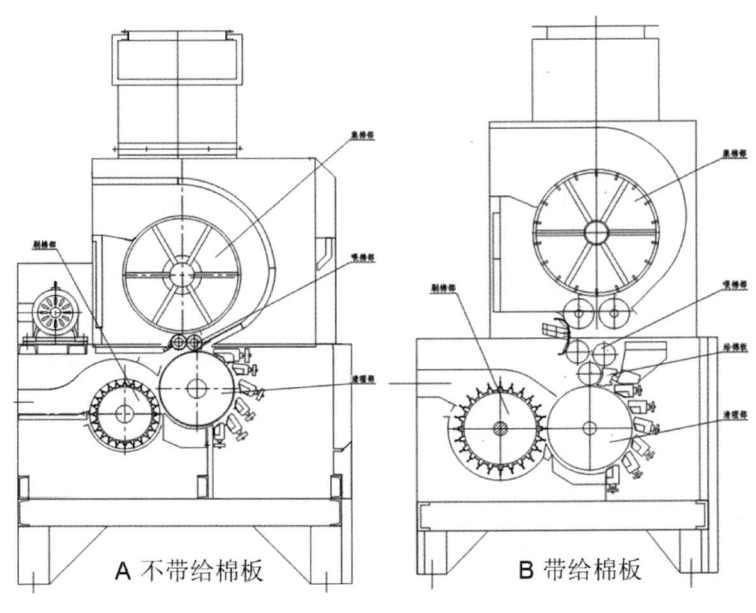

图 2-11 皮棉清理机

邯郸金狮棉机有限公司承担的国家重点研发计划项目《棉花智能化提级加工关键技术装备研发》中的研究课题 2"机采棉高效低损伤清理工艺技术及装备研发"中的关键设备 MQP-600×2000A 智能皮棉清理机实现了皮棉清理机排杂区域控制与排杂刀布置等方面的结构创新,以及运行参数随主机设备和生产线工艺参数智能跟随调节与控制,技术集成水平和产品研发有较大突破和创新,实现了皮棉清理清杂效率高、纤维损伤小和损耗低的目标,技术水平处于国内领先水平,详见图 2-12。

图 2-12　MQP－600×2000A 智能皮棉清理机

2.6.8　清理设备存在的问题

中国机采棉技术始于 2000 年,2000—2009 年的十年是在探索发展时期,2010 年进入推广使用期,2015 年开始,机采棉开始呈现快速增长。中国机采棉清理工艺及设备,经过 20 余年的不断发展,技术性能水平不断提升。

异性纤维清理方面,由于目前棉花种植没有找到替代地膜覆盖的新技术,机采时容易吸入地膜,难于清除,人工手摘棉花也很容易混入头发、化纤丝、动物毛等异性纤维,异性纤维清理设备清除效率还有待进一步提高,同时缺乏准确、定量检测异性纤维含量的自动化仪器设备。国产棉与进口优质棉相比,在异性纤维含量上,还有一定的差距,异性纤维清除技术的研究将是一个长期持续的研究课题。

在清理设备方面,由于中国机采棉的种植特点和追求高产的目标价值取向,机采棉普遍存在含杂高、回潮率高的突出问题并将会长期存在。为达到纺织用棉要求,并实现加工企业利益最大化,籽棉清理和皮棉清理技术需要继续围绕提高清杂效率,降低纤维损伤与损耗方面实现进一步的技术研究与突破,设备智能化水平急需进一步提升,达到清理工艺和设备柔性化加工的需求。

2.7　棉花调湿成套设备现状及存在的问题

2.7.1　棉花调湿技术现状

随着棉花调湿热源环保监管力度的加大,以及棉花加工高质量发展的客观需要,2020 年度,棉花调湿热源技术改造得到了快速发展。2020 年新疆新建棉花加工生产线 60 余条,棉花调湿热源均采用电热风炉,确保棉花加工安全有序开展。另外,据不完全统计,南北疆完成百余条老旧生产线的棉花调湿热源技术改造。电热风炉以其改造成本相对较低、改造技术难度小、操作方便等特点,在棉花调湿热源改造中占据较大的市场份额。

2020年,中华全国供销合作总社郑州棉麻工程技术设计研究所研发的棉花调湿电热风炉控制技术首次实现了棉花调湿装备运行状态、运行参数、调湿效果的远程监测、故障报警等功能,并在石河子市银冠棉业有限公司得到了应用。

2020年,为了更好地推动棉花调湿机理研究,突破我国棉花调湿技术基础性理论不足的现状,中华全国供销合作总社郑州棉麻工程技术设计研究所牵头,与石河子大学共同开展"西北内陆棉区棉花调湿机理研究",从不同温度、湿度、风速等条件下回潮率变化趋势开展相关技术研究,揭示不同加湿处理因素对棉纤维品质性状的影响规律,取得了一定的研究成果,随着技术研究的深入开展,势必推动棉花调湿技术的快速提高。

2020年,由于棉花加工新建生产线较多,棉花资源相对紧张,棉花加工企业采用不扣水杂的籽棉收购模式,收购的籽棉高回潮、高含杂问题严重,为确保棉花加工质量,保障棉花加工安全有序开展,籽棉干燥贯穿于整个棉花加工季节,致使往年加工初期高环境温度、低环境湿度条件下棉花加湿技术需求相对低迷,市场驱动技术进步力度降低。另外,针对高回潮、高含杂的籽棉,籽棉干燥强度需求增强,籽棉干燥成本大幅提升,棉花加工经营风险增大。

2.7.2 棉花调湿成套装备

2020年,中华全国供销合作总社郑州棉麻工程技术设计研究所依托新疆生产建设兵团第八师银利集团棉花调湿热源技术改造的契机,在确保棉花干燥控制系统良好运行的前提下,研发棉花干燥远程监测控制技术,安装数据采集与发送装置,实现棉花干燥控制系统的数据采集与发送、装备运行状态监测与故障报警,提高了棉花干燥控制的信息化、智能化水平,随着技术的进一步优化与升级,推动棉花调湿控制技术得到质的提升。

2020年,中华全国供销合作总社郑州棉麻工程技术设计研究所主持,石河子大学与西安理工大学共同参与的"十三五"国家重点研发计划《棉花智能调湿关键技术及装备研发与示范》,经过2019、2020两个年度的试验与优化,成功研发了棉花智能调湿控制系统,并在石河子市中棉华丰棉业有限公司北泉分公司得到应用与示范。棉花智能调湿控制系统的应用示范,在棉花加工面临市场化运营改革的过程中,市场投资相对低迷的情况下,对于棉花调湿技术的发展起到了极大的推动作用。

2.7.3 棉花调湿技术及装备存在的问题

目前,棉花调湿热源改造需求强、市场份额大,但是棉花加工企业过多关注于改造成本,调湿热源改造技术门槛较低,不同形式的电热风炉"蜂拥"进入行业,致使棉花调湿热源改造市场恶性竞争严重,电热风炉技术改造参差不齐,通过近两年的使用,设备故障率高、不能满足生产线干燥需要等问题逐渐凸显,造成棉花调湿热源改造存在资源浪费的问题,制约了棉花加工高质量发展。

棉花干燥热源技术改造仅局限于电热风炉按照输出相同热量方法替换传统的燃煤热风炉,原有的大风量、伴随式干燥方式没有得到根本改变,按照现有干燥工艺,棉花干燥成本较燃煤热风炉得到大幅提升,特别是2020年度,面对高回潮、高含杂的籽棉,籽棉干燥成本在棉花加工成本中的比重相对较大,棉花加工企业经营风险加大,因此,开展棉花干燥工艺研究,在保障棉花加工质量的前提下实现节能降耗、降低干燥成本势在必行。

棉花加工行业受多种因素影响,市场变数较大,目前,棉花调湿技术的发展除部分科研项目支持外,基本依赖市场驱动技术方式推动棉花调湿技术发展,技术升级动力不足,棉花调湿技术发展缓慢。因此,棉花调湿技术发展以至整个棉花加工行业技术发展建议以棉花加工协会或者政府层面加强顶层设计,技术发展做到市场与行业高质量发展相互平衡、相互协调,确保技术研究能够持续稳定地发展。

2.8 棉花打包机的发展现状

2.8.1 棉花打包机的主压缩力情况

当前我国的棉花打包机的主压缩力(公称压缩力)有 5000 KN、4000 KN、2000 KN、1600 KN 等几种,其中 2000 KN 和 1600 KN 的棉花打包机主要在纺织企业、精制棉、硝化棉行业使用。截至 2020 年,我国的棉花加工行业已经全部停止使用 4000 KN 以下的打包机,仅少数棉花加工厂还在使用 2000 KN 的打包机进行棉短绒打包。在我国棉花主产地新疆,由于对棉花进行烘干,因此,进入打包机的皮棉回潮率普遍较低,尤其是在加工季节的后期,各加工厂的皮棉回潮率基本上接近或低于 5%,致使棉花打包机打包过程中实际压缩力普遍超过 4000 KN,新疆地区在使用的棉花打包机中,在加工季节的中后期,30%~40%的打包主压缩力超过 4300 KN、约 10%的打包主压缩力达到 4500 KN 以上。因此,新疆地区棉花加工行业的皮棉打包机超载情况比较严重,影响打包机的安全和使用寿命,应当考虑使用 5000 KN 的棉花打包机。另一方面,使用 5000 KN 的打包机,能加大棉包的压缩密度、提高棉包运输时的装载率,这对处于我国西部的新疆来说,能够节省可观的运输费用,具有很大的经济价值。所以,需要棉花加工行业、国家的相关部门研究、论证分析在新疆地区棉花加工厂推广使用 5000 KN 打包机的可行性。目前,新疆仅一两家加工厂使用 5000 KN 的打包机,而与我国新疆地区类似的中亚产棉大国乌兹别克斯坦则一律使用 5000 KN 或更高压力的打包机,另一个产棉大国澳大利亚也正在引进使用 5000 KN 的打包机。

2.8.2 棉花打包机高速化的进展情况

在我国,60 包/h 的高速打包机已问世两年时间。在 2020 年,此类高速打包机,能够稳定地实现打一个棉包(打裸包)打包机的自身动作时间不超过 45 s:提箱转箱时间约 9 s、主压及脱箱时间约 23 s,出包主压回位棉箱回位时间约 13 s,同时预压/送棉循环动作≥10 次/min,与巴西 BUSA 公司的高速打包机的动作时间基本一致(在巴西,BUSA 公司的高速打包机打包速度≥65 包/h),我国如能配备一次性完成(一只棉包)全部捆扎带的穿带、焊接的自动设备(装置),则打包机能够稳定实现 60 包/h。目前国内两个棉花打包机制造企业的高速打包机技术均已成熟,均能对高速打包机实现量产。

在 2019 年,棉花加工厂新购买的打包机中,40 包/h 的打包机和 30 包/h 的打包机各占一半,没有工厂购买低于 30 包/h 的打包机;在 2020 年,棉花加工厂新购买的打包机中,大约 2/3 的用户选择了 40 包/h 的高速打包机,一些工厂购买了 60 包/h 的高速打包机,只有少部分加工厂选择了 30 包/h 的打包机。在未来几年,60 包/h 的高速打包机将成为更多用户的选择。

目前,我国还没有与高速打包机配套的、一次性完成(一只棉包)八根捆扎带的穿带焊接的、稳定可靠的自动设备。一次性完成六根带与四根带的穿带焊接的自动设备已经成熟稳定,但我国的国情决定了棉花加工过程中需要烘干,皮棉的回潮率比较低,棉包的膨胀力比较大,如采用巴西、美国等产棉大国六根带捆扎棉包的方式,则必须先进行充分的、广泛的试验,验证可行后,才能推广使用;另一方面,目前我国的《棉花包装》标准规定了捆扎棉包的塑钢带为八根,如采用六根带捆扎棉包的方式,则必须修改《棉花包装》标准。除此之外,棉包采用打包裹包方式增加了挂(铺)包布,捆扎时拉包布、嵌包布以及主压二次下行过程,大大增加了打包时间。目前技术上还没能实现挂包布的机械化,打包裹包中的挂(铺)包布、拉包布、嵌包布完全依靠人工,效率低,时间长。

2.8.3 棉花打包机的技术进展

2020 年,棉花打包机实现了根据棉花加工生产线上皮棉产量信号和打包机自身工作状态信号自我智能调整工作速度的功能。根据这些信号,给打包机提供动力的电机液压泵组的转速在 300 rpm～1750 rpm 之间变化,实现预压/送棉循环动作跟随棉花加工生产线上产出的皮棉产量(进入打包机的皮棉实时流量)在 3 次/min～11 次/min 之间变化,产量越多预压/送棉循环动作的速度越快;当打包机主压机构处于等待阶段时(如穿丝捆扎阶段),电机液压泵组即处于最低转速状态,最大程度减少电力消耗和液压油发热;在液压缸起步和停止时,有较为理想的调速过程,使打包机工作状态既快又平稳。打包机在智能调速的状态下工作运动状态平稳、液压系统发热少、稳定可靠、打包能耗低,相比非智能调速状态打一只棉包的电力消耗减少了 16%～20%。

未来,棉花打包机将更加智能化、自动化,将高度实现与整个棉花加工线上的其他设备联动;将可以实现远程操控与维护,工作状态参数将远程实时传输等。当前的棉花打包机,虽然控制系统实现了比较高的集成化,自动化程度也比较高,但因为挂包布、缝包布还需由人工来完成,因此仍然没有实现完全自动化;智能化、远程传输与控制在打包机上的运用还处于初级阶段,有待于进一步发展。

2.8.4 用户(棉花加工厂)的相关情况

人员流动性大,缺少或没有专职的打包机操作、维护人员仍然是当前棉花加工厂的普遍情况;将棉花过分烘干、使打包机超载、影响打包机安全和使用寿命的情况在棉花加工厂中比较常见。由于我国东部原产棉区(江苏、安徽、山东、河南、河北)的棉花种植面积急剧减少,这些地区的棉花加工厂纷纷停产倒闭,大量的老旧棉花打包机流入新疆。同时新疆原有的很多老旧打包机仍然在使用,这些打包机很多机龄在 15 年以上甚至 20 年,这些打包机不仅工作效率低,而且安全隐患多。改变上述现象的方法,建议国家劳动与安全机关对打包机操作人员进行职业技能培训,持证上岗;建议对打包机设定使用年限,超过该年限的打包机,需要进行安全年审。

2.9 棉花包装材料新技术及质量管理

国家棉花质量检验体制改革推动了棉花加工产业升级改造工作,同时也带来了棉花包装材料的变革,国内现行的棉花包装已与国际接轨。特别是棉包聚酯捆扎带经过多年的应用得到了轧花企业、运输部门、用棉单位等涉棉行业的广泛认可,凭借着实用优势、价格优势、用工优势、运输优势、安全优势、环保优势在新疆市场已经达到了全覆盖,并且已经沿着"一带一路"走出国门。

2.9.1 棉花包装用聚酯捆扎带使用现状

国家棉花质量检验体制改革推行以来,棉花工业技术进步工作得到全面提升。与此同时,棉化包装变革与国际接轨,棉包聚酯捆扎带以优越的性价比取代了传统的钢丝捆扎材料,并且实现了包装自动化。

棉包聚酯捆扎带的应用为轧花企业节省用工、提高效率、降低成本,为铁路安全运输等发挥了重要作用。但聚酯捆扎带在应用中也存在不足需要加以改善,主要是成型棉包在储运装卸过程中聚酯捆扎带和接头被暴露在棉包两侧平面上,容易出现刮擦导致断带或接头,存在安全隐患,影响棉包包型。

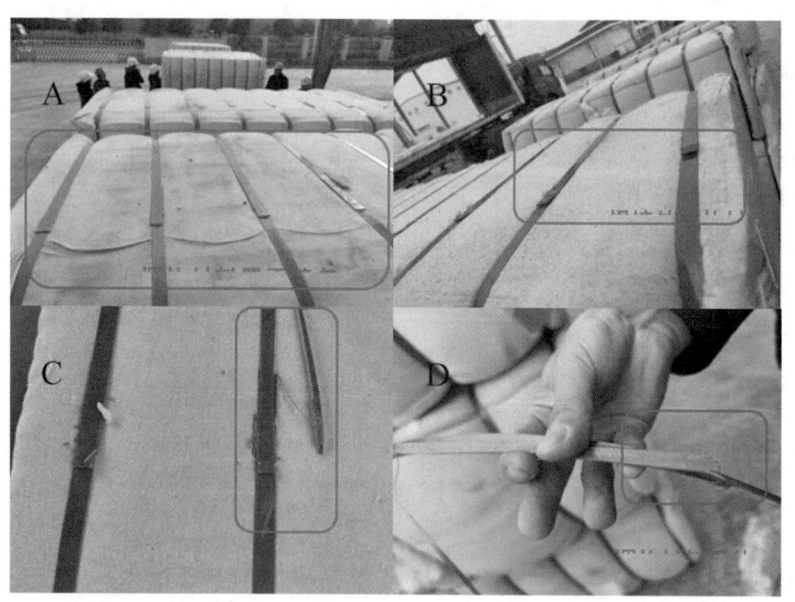

图 2-13 棉花包装用聚酯捆扎带使用现状

2.9.2 棉花包装用聚酯带保护凹槽

为解决捆扎带或接头因刮擦导致崩包的情况,美国、澳大利亚等国已采取棉包捆扎凹槽设计对捆扎带或接头进行保护(美国在"2013年棉包包装材料规范"中对捆扎带的位置进行了明确规定"PET 带必须放置在棉包平面的凹槽内,这些凹槽会在棉包受到冲击时给打包带提供一个完整的保护,这些凹槽必须均匀分布在棉包的长度方向。接口应该被放置在棉包的圆弧面(底部或顶部)"。这一措施只要在打包机上进行简单设计即可实现。

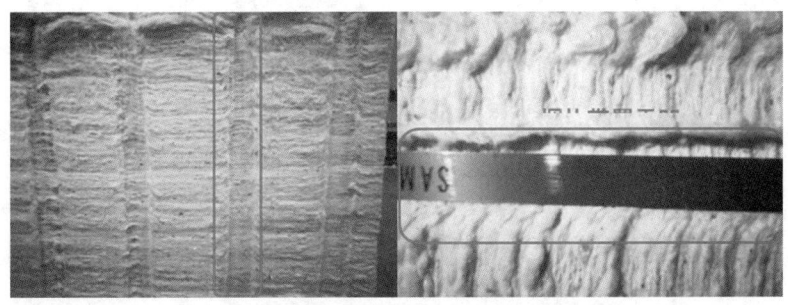

图 2-14 国外棉花包装用聚酯捆扎带保护凹槽

现设计一种捆扎带保护凹槽凸板,每根凹槽凸板上设有椭圆形焊接孔,通过焊接孔将凹槽凸板焊接于棉箱内部两侧,与穿带槽对齐,如图 2-15 所示。

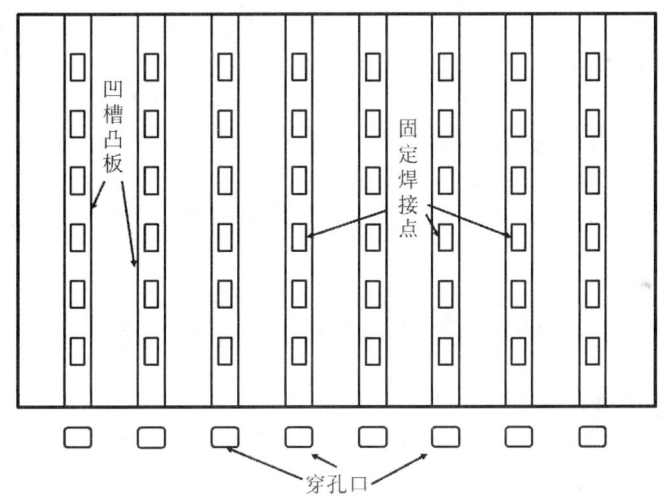

图 2-15 捆扎带保护凹槽凸板

凹槽凸板设计与焊接:在高度 2140 mm 上距离上下端口各 10 mm 范围内均匀分布 6 个大小相同的椭圆形焊接孔,椭圆形焊接孔大小为高 30 mm、宽 10 mm。凹槽凸板及焊接孔外面四周边角为 R 角。凹槽凸板与棉箱底板穿带槽对位后在焊接孔处与箱板焊接,焊接处打磨光滑。

图 2-16　无聚酯带保护凹槽和有聚酯带保护凹槽实物对比

经过加装凹槽凸板的棉箱在棉花打包完成时,棉包的侧面会有 8 道 4~5 mm 厚、30~40 mm 宽的凹槽,聚酯捆扎带完全落于凹槽之中,无论是采取内捆扎还是外捆扎方式都能有效地保护聚酯捆扎带,确保棉包在储运装卸过程中不受夹包车与堆垛环境的影响而保持棉包的完整性,避免了聚酯捆扎带受外力影响(夹包车操作不规范、堆垛地面不平整、垫条与聚酯捆扎带直接触碰等)而造成聚酯捆扎带断裂形成棉包崩包,提升了棉包整体形象,保障了棉包运输安全。

2.9.3　制定棉花包装材料加工和评价标准,提升产品质量

随着棉花质量检验体制改革方案的稳步推进,面对国内外相对广阔的棉花市场,棉花包装材料行业得到了快速发展。但是包装材料生产企业在高速发展的同时也存在着许多问题,大企业为应对激烈的市场竞争,部分企业不得不在降低产品质量的前提下,靠量取胜;小企业由于没有研发经验,不了解包装性能,不顾质量、以次充好,靠价格取胜,导致棉花包装包型变异、崩包散包、运输困难等问题发生,给棉花包装及棉花物流造成了不良影响。

2020 年 7 月 31 日,中华全国供销合作总社办公厅下达了关于《棉花包装材料加工技术要求》(2020GH-ZD-10)、《棉花包装材料加工企业质量评价方法》(2020GH-ZD-31)的行业标准制订计划。此 2 项行业标准与现行法律、法规协调一致,与现有的国家强制性标准 GB 6975《棉花包装》、GB/T 32340《棉花包装 聚酯捆扎带》、GB/T 21530《棉花打包用镀锌钢丝》、GH/T 1089-2013《棉花包装用聚乙烯套袋》相互支撑。

目前,我国棉花加工速度正在高速发展,对棉花包装材料的加工与质量的要求不断提高,通过《棉花包装材料加工技术要求》(2020GH-ZD-10)行业标准的制定,从原材料采购要求到产品包装各加工环节进行规范,解决了棉花包装材料行业现存的风化、崩包等质量问题,通过加强棉花包装材料质量控制,提高了棉花包装材料加工企业的产品质量,规范棉花包装产品市场,促进行业健康发展。通过《棉花包装材料加工企业质量评价方法》(2020GH-ZD-31)

行业标准的制定,能从根本上完善企业绩效评价机制,对企业质量经营发展具有重要意义,有效衡量企业质量水平和质量管理能力,让企业了解与同类企业或标杆企业相比较存在哪些差距,明确后续改善方向,提升质量水平,打造棉花包装材料品牌,走向国际市场。

此2项行业标准的制定符合《中国制造2025》"提升质量控制技术,完善质量管理机制,夯实质量发展基础,优化质量发展环境,努力实现制造业质量大幅提升"的要求。

此2项行业标准的制定符合《2020年全国标准化工作要点》"加大行业标准的整合优化力度,重点制定本行业的管理标准"的要求。

此2项行业标准的制定符合《质量兴棉行动实施方案(2019—2021)》"把质量做细、做精、做强,建立内部质量标准体系,做到产品加工的全过程标准化"的要求。

通过此2项标准的制定,将提高我国棉花包装材料的加工质量,解决棉花包装材料行业现存的质量问题,规范棉花包装产品市场,有效衡量企业质量水平和质量管理能力,提高加工企业的质量水平,促进棉花包装材料加工行业健康发展,打造棉花包装材料品牌,走向国际市场。

2.10 棉包自动刷唛发展现状及未来前景

2.10.1 自动刷唛产生的背景

棉包刷唛是皮棉生产过程中不可或缺的一个环节,清晰美观的唛头不仅能提升棉包的外观形象,也能让人一眼就看到棉包的很多重要信息,尤其是棉包堆垛以后,想要凭借条码来识别棉包非常困难,只能通过刷唛标识来区分不同批次的棉包。

在自动刷唛设备出现之前,棉包刷唛一直都是人工操作,负责刷唛的工人需要不分昼夜地忙碌。一般情况下,一个班次至少需要2名刷唛工人,他们需要通过交替使用大板、小板,不断对照条码单上面的信息,才能将棉包唛板信息刷完。在天气比较热的时候,人工刷唛的弊端还不算太突出,但是等到新疆气温降至零下10℃以后,低温对人工刷唛的影响就非常大,为了抵御严寒,工人不得不穿上厚重的大衣,这样他们在进行刷唛的时候,就不能作到动作灵活,所以人员效率会大幅降低,而且唛粉在低温下也无法用水简单调配,需要不断添加酒精、醋,然后再用开水调配。就算如此,唛粉仍然无法调配均匀,严重影响了刷唛效果。

近几年人工成本逐年上升,但是棉花行情却没有大家预期的那么理想,所以轧花厂的利润空间也会因为人员费用而被进一步压缩,加上人工操作失误率高、唛板使用时间短、唛粉调配不均匀等各方面的原因,人工刷唛的效果难以令人满意,而且刷唛信息错误还可能给企业带来一定的经济损失,企业的产品形象也会因此受到影响,所以人工刷唛成了众多轧花厂的共同痛点。

根据GB 6975—2007《棉花包装》国家标准规定,棉包端面的刷唛内容包括:棉花产地、棉花加工单位、棉花质量标识、批号、包号、毛重、异性纤维含量代号及生产日期等8项内容,对于同一个轧花厂而言,除了棉花产地、棉花加工单位这两项是固定的,其余6项标识内容都会随着生产进度而发生相应的变化,这对人工刷唛的要求就非常高,稍不注意就可能出现刷唛信息错误,从而造成不必要的麻烦。除此之外,棉包刷唛还有以下几点要求:刷唛内容完整统一、字迹清晰、布局美观等,而现在人工刷唛显然无法达到上述要求,所以自动刷唛设备应运而生。

2.10.2 自动刷唛的技术及性能

自动刷唛设备的诞生,彻底改变了轧花厂只能人工刷唛的模式,而且人工刷唛的不少弊端也随着自动刷唛的普及迎刃而解。以前需要两个刷包工一起完成的工作,现在只需要一台自动刷唛机就能轻松完成,刷唛的美观程度得到了大幅提升,刷唛效率也成倍增加,刷唛综合成本也明显降低,轧花厂终于不再为人工刷唛而担忧,而且经历了多年的发展,新疆已经有超过400家轧花厂采用了自动刷唛设备,这些自动刷唛设备不仅给轧花厂带来了良好的使用体验,也给企业提供了实实在在的便利和实惠。

图 2-17 自动刷唛过程示意

目前市面上的刷唛设备比较少,主要有单喷头刷唛和双喷头刷唛两种技术路线,这两大类刷唛设备最核心的区别就在于喷头个数。顾名思义,单喷头刷唛设备只有一个喷头,它在工作的时候需要先刷好棉包的一个端面,然后通过旋转棉包或者旋转喷头的方式,进而实现棉包另一端面刷唛,相当于使用同一个喷头完成了2次喷印流程;双喷头刷唛设备则有两个喷头,它在工作的时候不需要旋转动作,棉包在自动定位以后,两个喷头可以同时在棉包的两个端面进行刷唛,一次喷印动作就能完成刷唛。

目前行业内的自动刷唛设备在结构上也有较大差别,常见的刷唛设备可以分为"龙门架式结构"和"旋转平台结构"两类。它们都有各自的优缺点,"龙门架式结构"相对来说构造简单,棉包不需要旋转,能够适应快速生产线,但是在棉包精确定位方面对厂家的技术要求比较高;"旋转平台结构"在棉包定位方面更有优势,能够降低技术难度,但是因为结构复杂,维修难度相对比较高,而且面对快速生产线的时候,刷唛速度略有劣势。

随着棉花加工行业的技术进步,现在各大主机厂都陆续推出了更高产能的皮清机、轧花机、打包机,一些新建的生产线产能已经能够达到每小时40包左右,而且随着将来主机不断提速升级,产能可能还会有进一步的提高。对于自动刷唛设备而言,想要完美地适配生产线,就需要做到刷唛的速度比打包速度更快,所以自动刷唛设备的速度是非常重要的一项性能参数。

2.10.3 自动刷唛降低企业成本

对于轧花厂来说加工周期对企业成本影响最大。加工厂按天付给工人工资,这是人员成本;机器转的时间越长,耗电量越大,这是电费成本;机器磨损越多,配件损坏的概率也就越大,这是设备磨损折旧成本;冬季下雪之后,加工效率相比于秋季明显降低,需要花费更长的时间,这是时间成本。

对于自动刷唛来说,它可以在各方面降低企业成本。自动刷唛用的时间越短,越有助于提升整条生产线的产能,如果在籽棉收购量不变的前提下,产能越高就意味着加工速度越快,生产周期越短,轧花厂在人员成本、电费成本、设备磨损成本、时间成本等方面都会有大幅降低,能够节约相当可观的一笔支出。目前行业内比较快速的刷唛设备已经可以做到每包刷唛时间低于 50 秒,能够轻松适配每小时 60 包的轧花生产线。

2.10.4 自动刷唛的应用现状

自动刷唛设备不同于轧花厂其他传统设备,它除了要有良好的性能及较高的稳定性外,还需要有更多的服务保障。由于轧花厂的工作具有很强的季节性,多数轧花厂都没有固定的工人,再加上越来越多的包加工模式,所以很多工人对新兴的设备都不够了解,操作使用过程中难免会遇到一些问题,这就对刷唛设备厂家提出了考验,只有服务跟得上,产品才能更好地为加工厂服务,才能提升轧花生产线的效率。

据统计,2019 年新疆的自动刷唛设备只有 200 多台,而 2020 年新疆已经有超过 400 条轧花生产线使用了自动刷唛设备,自动刷唛的快速发展离不开优异的产品性能、完善的产品服务以及更低的企业成本。

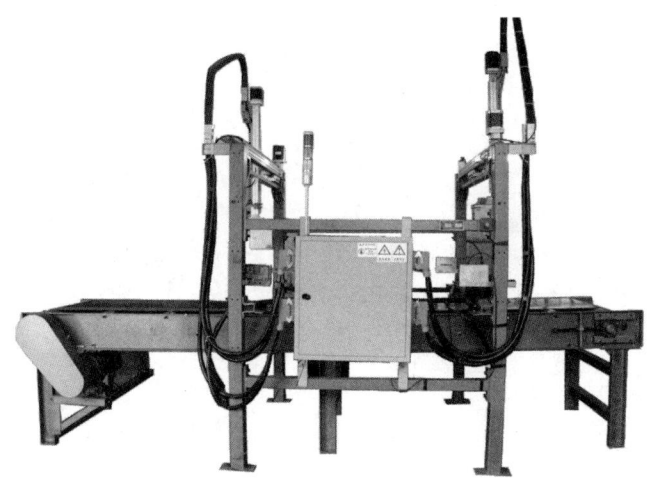

图 2-18　自动刷唛设备

2.10.5 自动刷唛存在的问题

自动刷唛设备虽然经过了多年发展改进,但是目前仍然存在一些比较突出的问题。首先,刷唛效率还需进一步提升,目前有些自动刷唛设备的效率比较低,刷一个棉包需要的时间已经超过90秒,在面对快速生产线的时候就会比较吃力。其次,自动刷唛设备的耗材更换较为不便,而且更换耗材的时候需要断电,如果操作不熟练,可能会影响生产节奏。最后,自动刷唛设备的自动化程度需要进一步提高,尽量减少人员操作,真正实现无人值守。

2.10.6 自动刷唛的未来前景

自动刷唛设备切实提升了轧花生产线的效率,解决了人工刷唛存在的诸多问题,为棉花加工企业提供了新的选择。

随着未来科技不断进步,轧花厂的设备也会越来越智能化、自动化,轧花生产线对人工的依赖程度也会逐渐降低,对于棉包刷唛这个环节来说,自动刷唛设备取代人工也是大势所趋。

2.11 棉副产品及深加工产业现状及存在的问题

2020年我国棉籽产量约750万t,与2019年产量基本持平,下游流向情况也和2019年基本相当,其中油厂消耗约670万t,牧场消耗50万~70万t,剩余15万~20万t用作种子,棉籽再加工占比高达90%。棉籽再加工产品主要有棉籽油、棉籽蛋白(棉粕)、棉籽壳、棉短绒等产品,进一步深加工可以得到棉籽低聚糖、醋酸棉酚等产品。棉籽加工工艺一般为毛棉籽经脱绒机脱绒后成为光棉籽,同时得到棉短绒,光棉籽再经剥壳机剥壳,得到棉籽壳,剥壳后的棉仁经过软化提油,得到棉籽油。脱脂后的棉籽仁脱酚或不脱酚,得到脱酚棉籽蛋白和棉粕。深加工的企业,在棉籽仁脱酚产生的脱酚液中可以提取出棉籽低聚糖、棉酚,棉酚可以加工成醋酸棉酚。

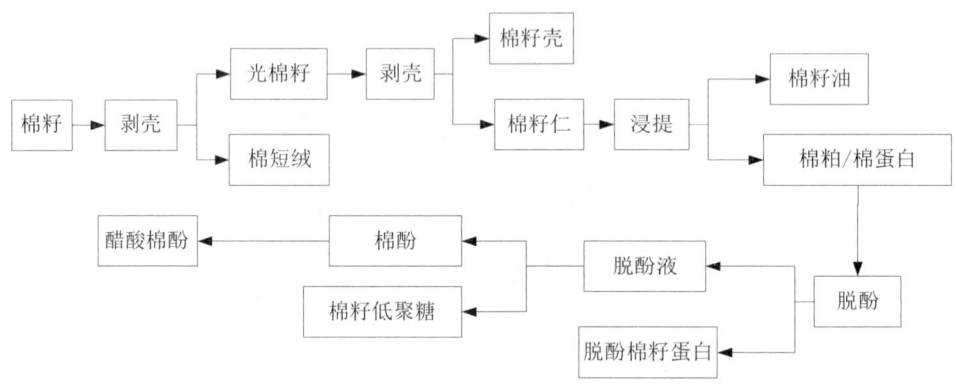

图2-19 棉籽加工工艺流程

2.11.1 棉籽加工的各产品市场

棉短绒每年产量达75万t,主要用于棉浆粕、精制棉、硝化棉、币纸浆。现行国标棉短绒分类要求高,不符合棉籽加工厂直接产出的棉短绒,需要制定更符合工业生产的相关标准。

棉籽壳每年产量达190万~210万t,被广泛应用于食用菌种植和畜禽饲料行业,是食用菌的万能培养基,是银耳、木耳、平菇、姬菇、茶树菇、金针菇等食药用菌的主要原材料之一,同时还是畜禽养殖的好饲料。另外还可以制备成各种形态的多孔碳材料,在新能源和环保领域有广阔的应用前景。晨光集团已经牵头制定了我国棉壳质量标准并开始启用,标准的实施受到了工厂化使用企业的一致认可。

棉籽蛋白(棉粕)是一种高蛋白饲料原料,年产量 320 万 t 左右。根据加工方式不同分为低温脱酚棉籽蛋白和高温棉籽粕。其中棉粕主要有三种规格,分别为 42%、46% 和 50%,市场容量达 300 万~330 万 t,50% 脱酚棉籽蛋白容量约 15 万 t。近些年,国内逐步开发出更高含量的棉籽蛋白,60% 含量蛋白在水产料中用来替代进口鱼粉用量越来越大,并开始在猪饲料中添加应用,部分企业已研究生产 65% 含量蛋白。生产棉粕的企业 42% 的棉粕量越来越少,50% 甚至更高蛋白含量的棉粕量越来越大,棉籽加工粕类向高蛋白含量发展成为一种趋势。棉蛋白超微粉用作医药发酵培养基也成为棉籽蛋白的另一大重要用途。

棉籽蛋白产品系列多,在饲料应用方面已和豆粕平分秋色,随着高含量蛋白的发展现有标准已不能满足实际产品需求。目前仅棉籽粕有国家标准,脱酚棉籽蛋白行业标准已不符合现行产业和卫生要求。因此棉籽蛋白系列产品标准亟须制定行业以上的标准来规范市场。

棉籽油年产量有 80 万 t,是一种大宗食用油,行业内相关标准体系已比较完善,2019 年晨光集团参与起草了新的棉籽油国标,并于 2020 年启用了新的国家标准。受传统观念影响,棉籽油在我国属于低端油种,目前各棉籽加工企业多数仅加工到三级油,后续由精炼厂加工到二级、一级的棉籽油多数被掺兑到调和油中。在国外,棉籽油比较耐煎炸,在价格上是比一级大豆油还贵的油种。

棉籽低聚糖是一种新食品原料,具有改善和调节肠道功能,棉籽中含糖量在 3%,是提取棉籽糖的优质原料。棉籽低聚糖在饲料中的应用也有相关报道。为提高产品附加值,油脂和蛋白厂家对脱酚液进行初级处理可以制备出棉籽低聚糖半成品,随着技术的进步,棉籽低聚糖产品含量可以纯化到 98% 以上,但相应的标准缺失严重制约了油脂和蛋白加工厂提升生产技能和副产品成果转化。

棉酚在棉仁中的含量比较高,可以提取出来,用于生产避孕药物。但当前无论行业内生产、需求市场开发都未正常开展,仅晨光生物科技集团进行了提取试生产。

2.11.2 棉籽加工行业现状及问题

棉籽加工在我国是个传统产业,很多棉油厂都是从日加工 50~60t 的小加工作坊逐步发展起来的,在 2010 年前后,国内棉籽加工企业最多时达到 400 多家,80% 的企业日加工能力不足 300t。经过近几年的洗牌,仍进行经营的棉籽加工企业不到 150 家。尤其新疆棉油厂也从以购买光棉籽为主,逐步过渡投建剥绒生产线,到直接采购加工毛棉籽。棉籽加工逐步由家族式、小规模向公司式、大规模过渡,现在加工能力达到 300t 以上的企业,加工量占到全国加工量的 85% 以上。近两年以来昌粮汇通、新粮集团、中泰集团等大型国企背景的下属公司涉足棉籽加工行业,纷纷收购、新建棉籽加工厂,日加工 500t 乃至 1000t 的企业增多,使得产能面临过剩,行业竞争更加激烈,产业集中度有所提升。当前棉籽加工行业面临以下问题:

竞争更加激烈,无序不良经营普遍。由于存在很多小企业,包括上游的棉花加工厂,部分企业信誉不好,棉籽行情上涨时往棉籽中掺兑杂质等或者毁约不执行前期订单。现在仍有个别小规模企业在适合阶段往棉壳等产品中掺杂使假,生产的棉粕产品黄曲霉毒素超标,生产的棉油中甜味产品超标等现象屡禁不止。企业的守约精神有待提升,企业操作规范化需要加强监管。

棉籽加工行业工艺传统,技术进步较慢。由于棉籽产业小,不像大豆行业比较大,国内没有规模型企业进行深入研究改进提升棉籽加工工艺。各小型企业研发投入不足,加工自动化、工艺先进性、质量控制等方面亟待提升,近两年虽然有规模较大企业进入,但新工艺、新技术并未突出涌现,产业能耗、技术水平提升不足。

产品升级较慢。脱酚棉籽蛋白作为棉籽加工行业内新的高附加值产品,作为棉粕的升级产品,仍属于粕类小品种,缺少广泛系统的应用性效果研究,饲料客户接受比较慢,同时也受行业内企业追逐行情利润不注重行业发展的思想影响,没有较突破性的新产品高附加值产品增效。在晨光等企业带动下从50%含量蛋白产品逐步提升至60%含量蛋白的市场发展较快,两年时间发展到年需求近20万吨,并且在进一步研究65%蛋白,产品增值有一定提升。其他如短绒、棉油等产品无明显进步,尤其棉油市场认可度低,加工企业仍处于生产三级原油为主阶段。整体棉籽加工行业产品升级提升慢。

棉籽深加工不足,高附加值产品投入研究不足。当前国内仍是以加工传统的棉短绒、棉粕、棉油、棉壳为主,棉籽中含有的棉籽糖、棉酚等深加工产品开发较慢,较好的增值产品没有开发出应有价值。当前国内仅晨光生物科技集团将棉籽加工进行了深入研究开发,试生产出了低聚棉籽糖、醋酸棉酚等新产品,行业内没有其他企业对新产品进行研发。

棉籽加工受大宗商品行情影响较大。棉籽加工受大豆加工、食用油生产行业影响较大,农产品行情波动剧烈,行情波动对企业的影响远大于潜在价值提升的影响,使得行业内企业更注重行情经营。

传统行业品牌建设意识不强,亟待推动完善标准体系。随着机采棉的普及和棉籽蛋白应用的扩张,现有棉副产品标准体系有的已跟不上产业发展,亟须继续完善和提升。棉籽蛋白因原料采收方式、产品生产工艺、用途、规格、产品质量监控方法不同,现有标准体系中专有产品标准缺失,现行标准和饲料卫生标准已不符,亟须完善和升级棉籽蛋白类产品标准。晨光集团公司是第一家将在线近红外应用到棉籽加工的企业,每条生产线有原料和产品两套近红外在线检测系统,目前已运行8年。晨光集团公司拥有蔡司、波通、福斯、热电等多品牌国外在线、离线近红外检测仪。晨光生物积极推进粗放型加工企业向精准型高附加值型产业转型。随着机采棉的普及和技术的进步,晨光生物全面推广在线近红外,实时监测脱酚棉籽蛋白产品质量指标,为饲料企业提供精准蛋白产品。

用作培养基发酵的棉籽蛋白粉标准也需要制定。从油脂和蛋白加工厂直接产出的棉短绒、棉籽低聚糖等需要制定标准和食品加工企业对接。同时,随着技术进步和棉籽产品的推广,棉籽油、脱酚棉籽蛋白、棉籽壳和棉短绒已出口,也有相应国标外文版和制定国际标准的需求。标准的制定启用是一方面,另一方面标准的实施及严格执行也需要政府部门加强监管,只有加强监管真正实施才能逐步推动行业产品标准进步提升。

整体上,在国内棉籽加工属于粮油加工类的小产业,我国油粕资源较少,历史传统上就进行了加工开发,在国外如美国、印度、巴西等其他产棉国,加工技术、加工规模以及对棉籽加工的研究水平还不如我国先进。但该行业仍需向标准规范化、规模化发展,改进工艺技术,开发有效成分产品,提升加工附加价值。同时对于小行业、传统性行业,政府更应该加强对原料、产品质量的监管,督促行业整体质量提升。

2.12 小　结

本章内容主要由中国棉花加工标准化技术委员会提供，主要编写人员有胡春雷、李孝华、何锡玉、阮旭良、王瑞霞、韩金、杨丙生、关纪培、钱欣、魏兵、程远欣、谭志芳、李梦辉、孙科和刘洋，主要参编单位有中国棉花协会棉花工业分会、全国棉花加工标准化技术委员会、中华全国供销合作总社郑州棉麻工程技术设计研究所、中华棉花集团有限公司、北京智棉科技有限公司、邯郸金狮棉机有限公司、南通棉机有限公司、南通御丰塑钢包装有限公司和晨光生物科技集团有限公司。由安徽财经大学周万怀老师和梁后军老师负责整理，刘从九和徐守东老师负责审查。这里对本章内容的编写人员及相关单位表示衷心的谢意！

第 3 章 棉花质量监测报告

3.1 数据来源与背景介绍

3.1.1 相关背景

国务院明确将新疆作为全国优质棉生产基地政策实施以来,新疆棉花产业稳步发展,无论在棉花生产数量上还是质量上都领先全国其他产棉地区,在我国棉花产业链中具有重要战略地位。随着党中央、国务院推动高质量发展的各项举措不断落实,以及纺织工业对高品质棉花原料需求的不断加大,推进新疆棉花产业实现高质量发展,促进新疆棉花质量提升满足纺织工业高品质用棉需求就显得尤为重要。

从我国棉花质量检验体制改革推行以来,专业纤检机构对标先进的美国棉花检验检测标准体系,逐步建成了覆盖全国棉花产区的公证检验技术网络,检验能力满足全国棉花生产需求并达到世界首位,制定了相配套的内部质量管理体系,搭建了高效运行的公证检验信息技术体系,基本实现了与国际接轨的质量标准和检测方法体系。尤其是国家推行新疆棉花目标价格改革工作后,专业纤检机构会同有关部门创新棉花"专业仓储监管+在库公证检验"工作模式,取得了显著成效,公证检验数据公信力和有效性得到了涉棉行业有关部门和相关企业的广泛采信,也降低了棉花流通交易成本。

为了探索有效促进棉花质量提升的方式方法,分析当前棉花质量的形势与存在的问题,为相关部门制定宏观调控政策提供参考,按照《中共中央 国务院关于开展质量提升行动的指导意见》(中发〔2017〕24号)及《质检总局贯彻落实质量提升行动指导意见实施计划(2018—2020年)》,中国纤维质量监测中心制订了《全国纤检系统"纤维质量提升行动年"工作方案》,在2018—2020年连续三个年度在新疆试点开展了棉花质量监测工作。本章正是以这些监测及公证检验数据为基础,探讨当前新疆棉花质量状况与存在的问题,并给出相关提高新疆棉花质量的政策建议。

3.1.2 基础架构

为了全面监测棉花生产加工各环节因素对棉花质量的影响,实现棉花质量全程可追溯,我们在新疆自治区和兵团每年优选10~20家具有代表性的棉花收购加工企业进行质量监测试点,详细监测了棉花品种、种植密度、水肥管理、打顶、病虫害、机采棉脱叶、采摘、气候、收购、加工工艺等一系列数据,并在棉花大垛(棉花采收环节)与加工环节共设置4个取样点对棉花进行取样,取样环节前移,对棉花的种植管理及生产加工等因素进行多重分析。

为了更好地对棉花质量进行比较,我们尝试引入综合比较指标,以满足下游纺织企业较为关心的几个质量指标,这些指标综合判定较好的棉花占比情况,判断生产棉花质量的稳定程度。因市场对长度整齐度关注较低,我们选择了颜色级、长度、断裂比强度和马克隆值四个指标进行统计。

从统计数据可以看出,新疆90%的棉花颜色级都在白棉4级及以上,85%的棉花都能达到白棉3级,白棉3级又是标准级,同时考虑到在棉花交易时企业更多考虑长度、断裂比强度等指标,因此将颜色级指标定为白棉3级及以上,长度、断裂比强度选取了双29和双30两种情况,马克隆值级选取了A和B两种情况。

在综合统计中统计了以下四种情况:颜色级白棉3级及以上,长度、断裂比强度双29以上,马克隆值B级及以上(简称双29B);颜色级白棉3级及以上,长度、断裂比强度双30以上,马克隆值B级及以上(简称双30B);颜色级白棉3级及以上,长度、断裂比强度双29以上,马克隆值A级及以上(简称双29A);颜色级白棉3级及以上,长度、断裂比强度双30以上,马克隆值A级及以上(简称双30A)。

3.2 棉花质量分析

3.2.1 质量监测质量分析

2018—2020年新疆棉花质量监测各地区品种综合品质性状见表3-1。2018年共完成试点监测企业10家,抽取籽棉样品1756个,涉及农户2995个,种植面积225759亩。2019年在2018年试点工作的基础上,扩大了试点范围与监测环节,监测内容覆盖了棉花种植管理、收购加工的16个环节的监测记录要点,并在棉花大垛(棉模)、籽清后轧花前、轧花后皮清前、气流皮清后锯齿皮清前的四个取样点进行取样检验,并与对应公检样品进行对比分析,共完成监测试点企业15家,监测对象占试点区域棉花产量的2.97%,监测棉花品种32个,抽取棉花样品5412个;全过程(棉花品种—种植—采摘—收购—加工全过程监测,其他为收购加工过程监测)监测棉农16户,监测地块面积9911.89亩,辐射同品种、同环境、同管理棉田面积15.91万亩。2020年延续2019年的监测模式,共完成监测试点企业21家,监测棉花品种29个,抽取棉花样品8746个,对应公检样品33274个;全过程监测棉农39户,监测品种19个,地块46块,地块面积26250亩。

表3-1 2018—2020年新疆棉花质量监测各地区品种大垛抽检品种综合品质性状

年份	地区	品种	长度mm	整齐度%	强度cN/tex	马克隆值	颜色级
2018	阿克苏	新陆中75	29.6	85	29.6	B	31
		新陆中68	28.9	83.9	29.2	B	31
		J206-5	30.2	84.3	30.7	B	31
		新陆中64	30.3	84.4	31.5	C	31
		17-68	30	83.6	28.8	B	41

续表

年份	地区	品种	长度 mm	整齐度%	强度 cN/tex	马克隆值	颜色级
2018	阿拉尔	新陆中 37	27.9	83.1	28.1	B2	21
		新陆中 50	28.4	83.3	28.4	B2	51
		新陆中 37	28.4	83	27.8	B2	51
		新陆中 88	28.5	83.2	27.6	B2	51
		新陆中 82	29.3	82.9	28.2	B2	51
		新陆中 65	28.9	82.9	27.6	B2	51
	石河子	新陆中 82	30.4	84	30.2	A	31
		新陆早 61	29.9	83.5	29.5	B	51
		新陆早 74	29.5	83.4	30	B	51
		新陆早 64	29.6	84	29.7	A	51
	塔城	新陆早 49	29.3	83.2	29	B2	51
		新陆早 71	29.7	83	29.3	B2	51
		新陆早 63	29.7	83.5	29.5	A	51
		闫氏 67	29.4	83.3	29.4	B2	51
		合信 84	29.6	83.8	30	B2	51
	五家渠	新陆早 57	30.1	84.4	31.2	A	51
		新陆早 72	30	83.9	31	A	51
2019	阿克苏	新陆中 64	30.4	85	33.5	4.9	21
		J206－5	30.3	83.9	31.5	4.6	31
		LT19－1	29.7	83.1	29.9	4.8	31
		17－68	29.5	83.3	29.6	4.8	41
		新陆中 75	29.1	84	31.6	5.1	31
	阿拉尔	新陆中 82	30	83.5	31.2	4.2	51
		新陆中 70	29.3	81.5	30	4.1	51
		新陆中 62	29.9	84.2	32.8	4.3	51
		冀杂 708	29.1	83.5	28.3	4.5	51
		新陆中 32	29.2	82.9	27.8	4.5	51
		瑞杂 820	28.6	83.2	28	4.8	41
		新陆中 73	28.9	83	28.4	4.6	51
		中棉 96A	28.8	82.7	27.2	4.5	51
		新陆中 55	28.8	83.7	28.2	4.7	51
		新陆中 37	28.4	83.4	28.6	4.5	51
		新陆中 67	28	81.1	26.7	4.7	51

续表

年份	地区	品种	长度 mm	整齐度%	强度 cN/tex	马克隆值	颜色级
2019	巴州	新陆中 67	29	81.1	27.6	4.5	51
		新陆早 80	28.5	81.9	27.6	4.6	31
		新陆中 58	28.2	81.7	27.4	4.5	31
		新陆中 73	28.4	82.7	26.8	4.9	51
		新陆中 71	28.5	83	27.9	5	51
	博州	新陆早 78	29.8	83.2	30.4	4.5	31
		新陆早 42	29.5	83.4	29.9	4.7	32
	哈密	18T2	29.2	79.8	28.8	4.1	31
		新陆中 66	29.7	82.5	29.6	4.6	41
		T6	29.4	82.4	29.4	4.4	41
	塔城	新陆早 71	29.6	83.6	30.2	4.5	51
		新陆早 49	29.6	83.1	29.7	4.5	51
		新陆早 63	29.4	83.1	29.2	4.5	51
	五家渠	瑞杂 820	29.9	83.9	29.1	3.8	41
		新陆早 57	29.2	83.4	28.6	4	51
		新陆早 72	28.7	83.8	28.5	4	51
2020	阿克苏	J206－5	29.7	83.6	30.4	4.6	51
		酒棉 18 号	28.5	83	27.6	5.5	51
		鲁泰 19－1	29	83	30.7	4.8	31
		鲁泰 19－2	28.8	82.2	30.3	4.9	21
		新陆中 62	28.1	82.8	28.9	4.2	41
		新陆中 68	28.3	82.5	29.2	5.1	51
		新陆中 80	29.1	82.9	28.6	4.7	51
		新陆中 84	29.8	83.4	33.9	4.7	51
	阿拉尔	冀杂 708	28.6	81.8	28	4.8	31
		瑞杂 818	28.7	82.7	28	4.9	51
		塔河 2 号	29.5	83.8	31.7	4.1	51
		新陆中 55	29.2	83.9	29.2	4.8	51
		新陆中 70	28.4	82.6	27.3	4.9	51
		新陆中 73	28.6	82.7	27	4.7	51
		新陆中 82	29	83.2	28.1	4.6	51
	巴州	新陆中 55	28.9	82.3	28	4.5	51
		新陆中 67	28.7	81.4	26.6	4.8	31
		新陆中 71	29.9	84.8	32.9	5.1	51
		新陆中 73	28.6	83.7	29.6	4.7	51

续表

年份	地区	品种	长度 mm	整齐度%	强度 cN/tex	马克隆值	颜色级
2020	博州	J206－5	30.4	82.4	30.3	4.6	51
		新陆早 54	28	82.3	28.5	5.3	51
	哈密市	神牛 17	27.5	81.4	28.1	4.8	31
		神牛 18	27.1	81.2	27.6	4.2	31
		中科院 126	29.3	81.9	28.4	4.4	31
	石河子	新陆早 64	29.3	83.2	28.6	4.8	51
	塔城	金垦 108	28.4	82	28.4	4.9	51
		新陆早 67	27.9	81.2	27.8	4.9	51
		新陆早 84	28.9	82.7	28.8	4.8	51
	图木舒克	新陆中 70	28.7	83.4	26.4	5.1	51
		新陆中 78	28.4	82.7	27.6	5.4	51
		新陆中 81	29.1	82.8	27.9	5.2	51
	五家渠	新陆早 57	28.5	83	29.2	4.6	51
		新陆早 63	28.8	83.1	30	4.7	51

综合三个年度各品种质量情况来看，J206－5 和新陆中 82 质量表现最为突出，三个年度质量表现均较好。其次有新陆中 64、新陆早 78、新陆中 75、LT19－1、新陆中 66、17－68、T6、新陆中 62、18T2 和新陆早 80 等品种综合质量表现较好。

比较三个年度质量监测大垛抽检数据，2019 年大垛抽检的纤维长度、整齐度和断裂比强度的总体平均值与 2018 年相当，而主体颜色级和马克隆值级别则分别明显差于和略差于 2018 年的检测结果；同企业同品种中 2019 年大垛抽检各品种的纤维长度、整齐度比上年略有下降，断裂比强度有所提升，但两年抽检结果的差异均未达到显著水平，相同品种的马克隆值级、主体颜色级在年度间的差异甚微。2020 年大垛抽检各品种的纤维长度、整齐度和断裂比强度的总体平均值都较 2019 年差，其中纤维长度下降了 0.3mm，降幅达极显著水平；整齐度比上年平均下降 0.1%，降幅不显著；断裂比强度比上年下降 0.3cN/tex，降幅不显著。马克隆值为 A 级的样品比例下降了 11.6%，B 级下降了 2.9%，C 级增加了 14.6%，马克隆值水平总体上显著下降。两年的主体颜色级均为白棉 5 级，但 2019 年的实际颜色级介于白棉 4 级和淡点污棉 2 级之间，而 2020 年的实际颜色级介于淡点污棉 2 级和白棉 5 级之间，2020 年颜色级下降了 0.5 个级别。

对种植密度与方式、播种时期、肥水管理、病虫害管理、脱叶剂使用、籽棉采摘时期与方式等具体田间管理措施的详细数据分析，各因素都会对棉花纤维的生长发育产生重要影响。种植密度和肥水管理与纤维品质性状的互作模式分析表明，"大肥大水高密度"的种植管理方式可能导致田间植株枝叶郁蔽，棉纤维发育不良，纤维长度、长度整齐度和断裂比强度普遍下降，棉纤维综合商品价值下降，可见，适宜的种植密度和肥水施用是保障纤维正常发育的重要保证。通过脱叶方式的对比分析表明，人工施用脱叶剂棉样的颜色级提高约 0.5 个颜色级。

比较分析各工艺环节对纤维品质的影响效应结果表明，籽棉清理道数对颜色级影响较大，颜色级总体上随着清理道数的增加而提升，籽棉清理对纤维长度、断裂比强度和马克隆值影响较小，籽棉清理道数适宜选择 3～5 道；皮棉清理道数对纤维长度、长度整齐度和断裂比强度的影响效应都呈递减趋势,清理道数越多,纤维长度、长度整齐度和断裂比强度表现越差,对马克隆值影响效应很小,清理道数越多,颜色级越好,皮棉清理道数不宜过多。

新疆生产建设兵团第一师进行整体质量提升试点工作,比较一师阿拉尔市与其他地区的各品种棉花质量,2019年阿拉尔市的新陆中82是在所有抽检品种中唯一在大垛抽检和公检中纤维长度和断裂比强度达到"双30"标准,同时马克隆值达到A级的品种;新陆中62在公检中达到上述标准,在大垛抽检中也很接近这个标准。因此,阿拉尔的新陆中82和新陆中62是所有品种中纤维长度、断裂比强度和马克隆值最协调的品种。当然,阿拉尔的抽检品种中也有新陆中67、新陆中37、新陆中55和中棉96A等综合表现较差的品种,并导致阿拉尔市在与其他地市的品种平均表现比较上处于中等偏下的水平。2020年阿拉尔塔河2号的长度和断裂比强度达到"双29"标准,其中断裂比强度在31 cN/tex以上,马克隆值为A级,综合表现最为突出,其余品种综合表现一般。因此,扩大优良品种比例,加快淘汰劣质品种是棉花质量提升的关键工程和源头任务。

3.2.2 公证检验单项指标质量分析

(1)颜色级

因新疆90%棉花颜色级在白棉5级以上,在此我们只讨论白棉1~5级颜色级分布情况。从图3-1、图3-2可以看出,2020年新疆全疆白棉3级及以上占比85.78%,白棉2级及以上占比14.53%;新疆地方白棉3级及以上占比88.37%,白棉2级及以上占比19.48%;新疆生产建设兵团白棉3级及以上占比81.63%,白棉2级及以上占比6.61%;新疆地方棉花颜色级略好于兵团。新疆地方喀什和克州白棉2级及以上占比最多,均为40%左右,和田、乌鲁木齐、哈密白棉3级及以上占比达到95%以上,吐鲁番白棉5级及以上占比最低,为75.33%。兵团第十师和第十三师白棉2级及以上占比最多,均为35%左右,第十三师白棉3级及以上占比最多为99.94%,第六师白棉5级及以上占比最低为61.25%。

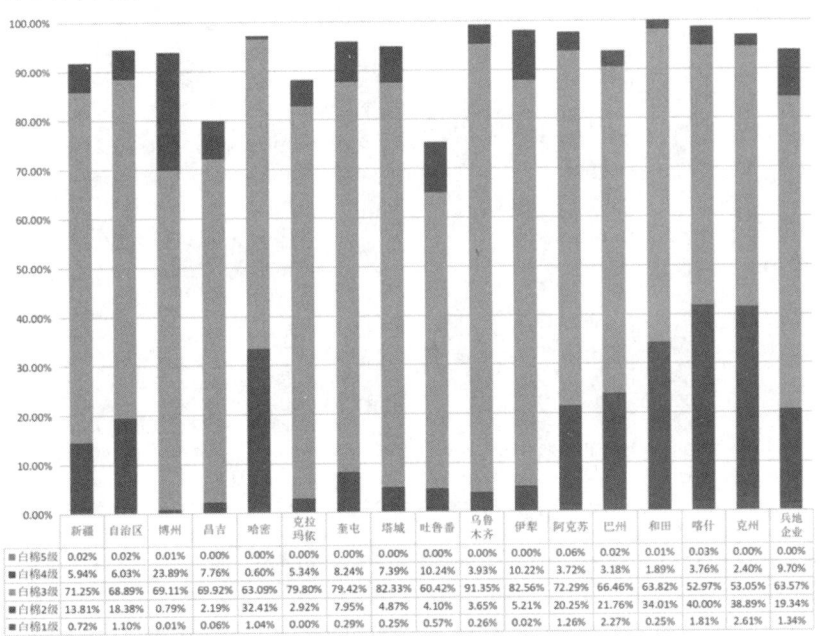

图3-1 2020年新疆地方棉花颜色级占比分布图

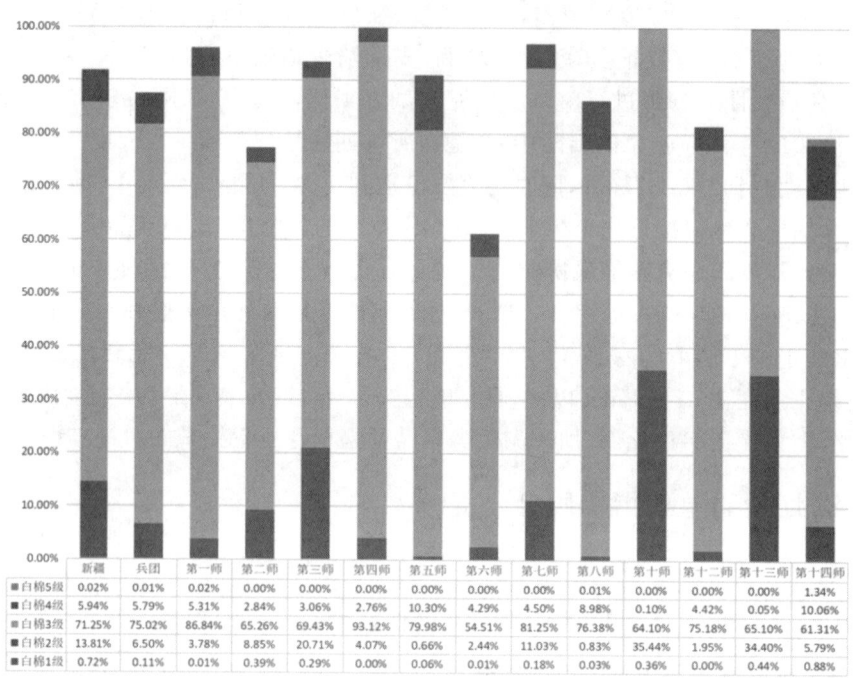

图 3-2　2020 年新疆兵团棉花颜色级占比分布图

图 3-3 中对了比近三个年度的新疆棉花颜色级数据,白棉 2 级及以上占比逐年下降,2020 年白棉 3 级及以上占比与上年度持平,较 2018 年降低 6.5 个百分点。2018 与 2019 年白棉 3 级及以上占比兵团均高于地方,但 2020 年新疆地方白棉 3 级及以上占比较兵团高 6.74 个百分点。

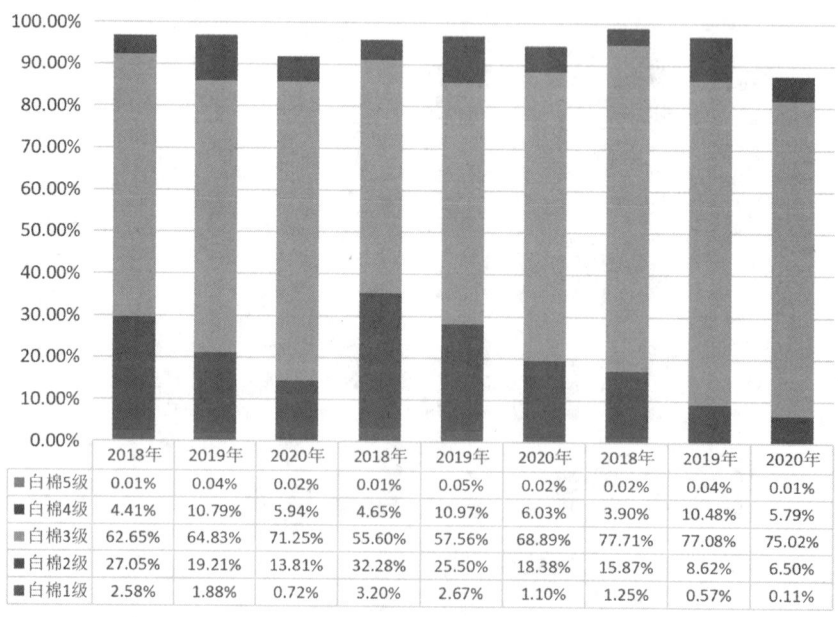

图 3-3　2018—2020 年新疆棉花颜色级分布变化图

(2)长度

从图 3-4 和图 3-5 可以看出,2020 年新疆哈密棉花平均长度最长为 29.09 mm,其他各地棉花平均长度均为 28 mm～29 mm 之间。棉花长度在 30 mm 以上占比超过 10% 的有哈密市和兵团第四师,哈密市棉花长度 29 mm 以上占比最高,为 57.02%,其次为第十师、伊犁、第四师,均超过 40%。

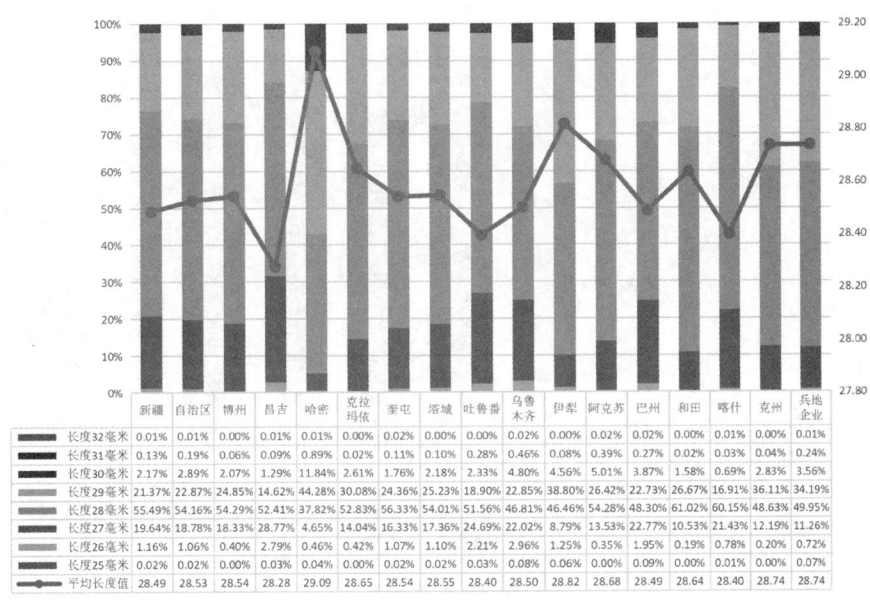

图 3-4　2020 年新疆地方棉花长度占比分布图

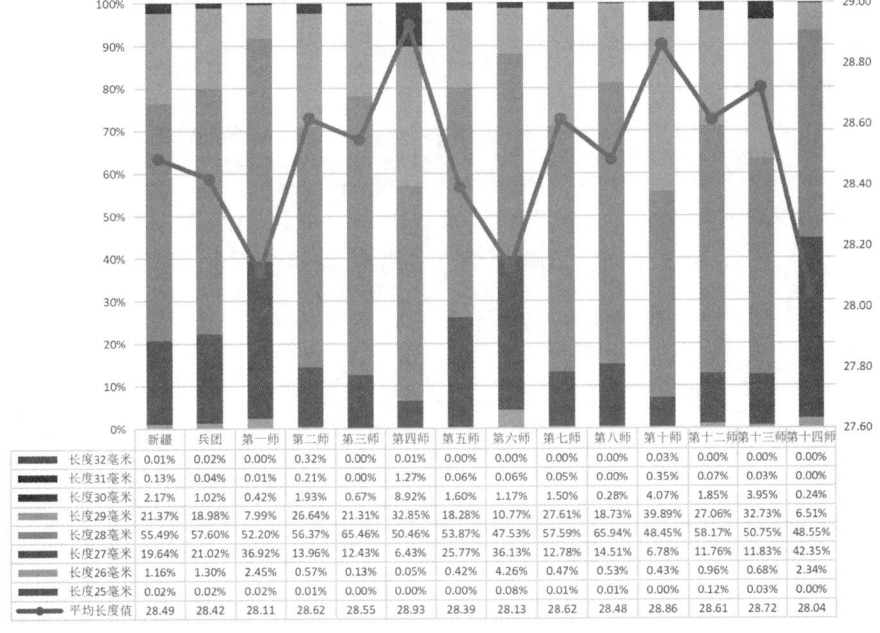

图 3-5　2020 年新疆生产建设兵团棉花长度占比分布图

图 3-6 中对比了近 3 个年度的新疆棉花长度数据，2020 年新疆棉花平均长度为 28.49 mm，较 2019 年降低 0.55 mm，29 mm 以上占比 23.68%，较 2019 年降低 30.88%，连续两年呈下降趋势。2018 年与 2019 年自治区棉花平均长度均低于兵团，但 2020 年自治区棉花平均长度较兵团高 0.11 mm，29 mm 以上占比较兵团高 5.9 个百分点。

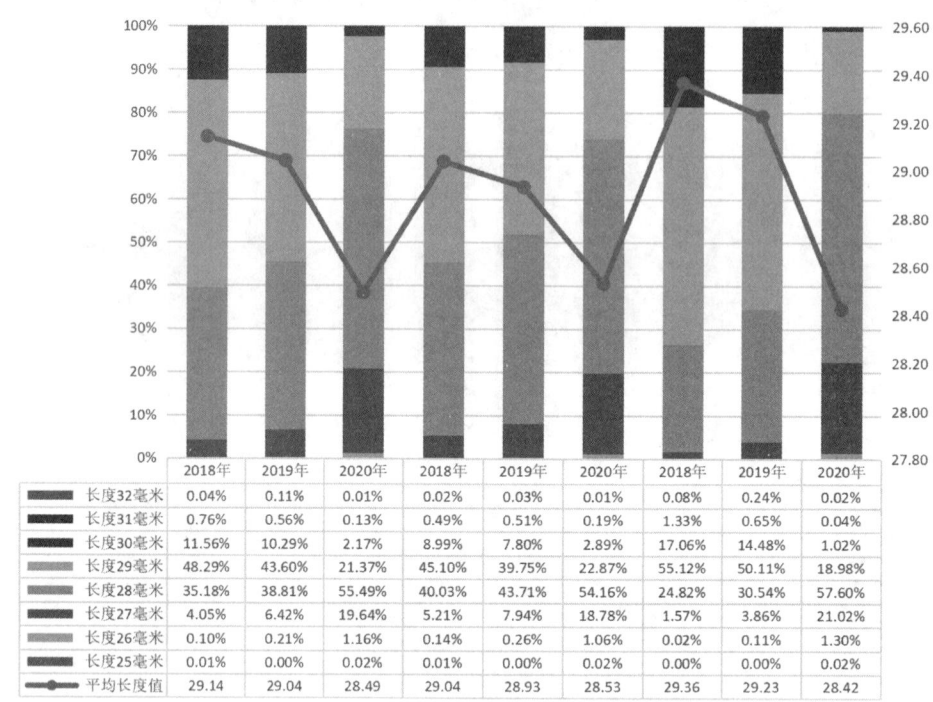

图 3-6　2018—2020 年新疆棉花长度分布变化图

（3）马克隆值

从图 3-7 和图 3-8 可以看出，2020 年新疆各地棉花马克隆值 A 级占比最多的是伊犁，为 62.88%，其次是第四师、第十二师、哈密、和田，均为 20% 以上，第三师、克拉玛依、克州、第八师、第五师、第十四师不足 1%。马克隆值 B 级以上占比最多的是第四师，为 99.83%，其次是第十二师、第十师、乌鲁木齐、伊犁、和田、哈密，占比均为 90% 以上。

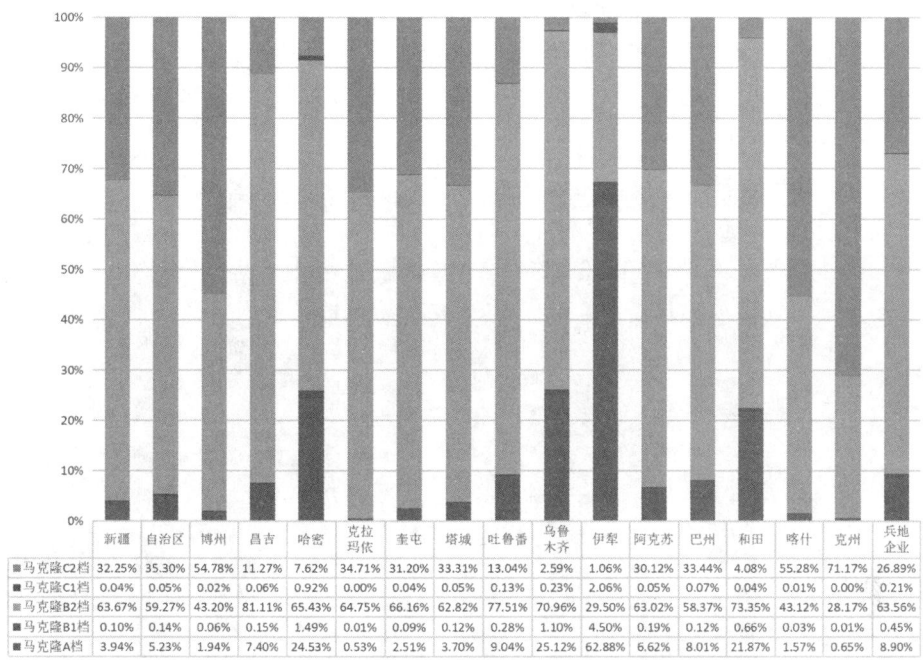

图 3-7 2020 年新疆地方棉花马克隆值占比分布图

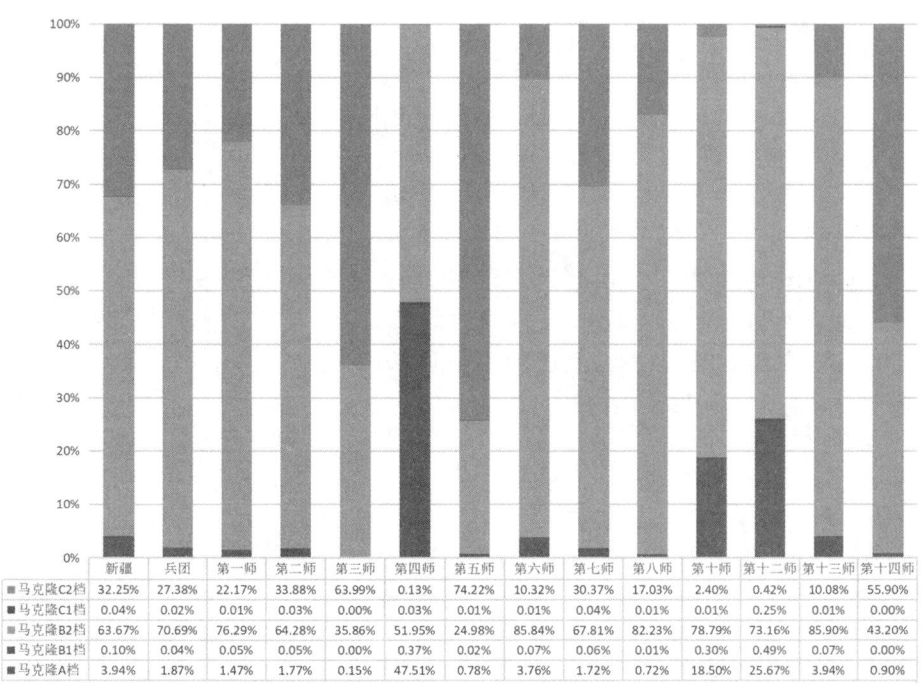

图 3-8 2020 年新疆生产建设兵团棉花马克隆值占比分布图

图 3-9 中对比了近 3 个年度新疆棉花马克隆数据，2020 年新疆马克隆 A 级占比为 3.94%，

较2019年低了14.87个百分点,B级以上占比67.71%,较2019年低了15.85个百分点,连续两年呈下降趋势。2018—2020年兵团棉花马克隆值B级及以上占比均较自治区高,但均逐年下降且差距呈逐年缩小的趋势,2020年新疆地方棉花马克隆值A级占比5.23%,较兵团高3.36个百分点。

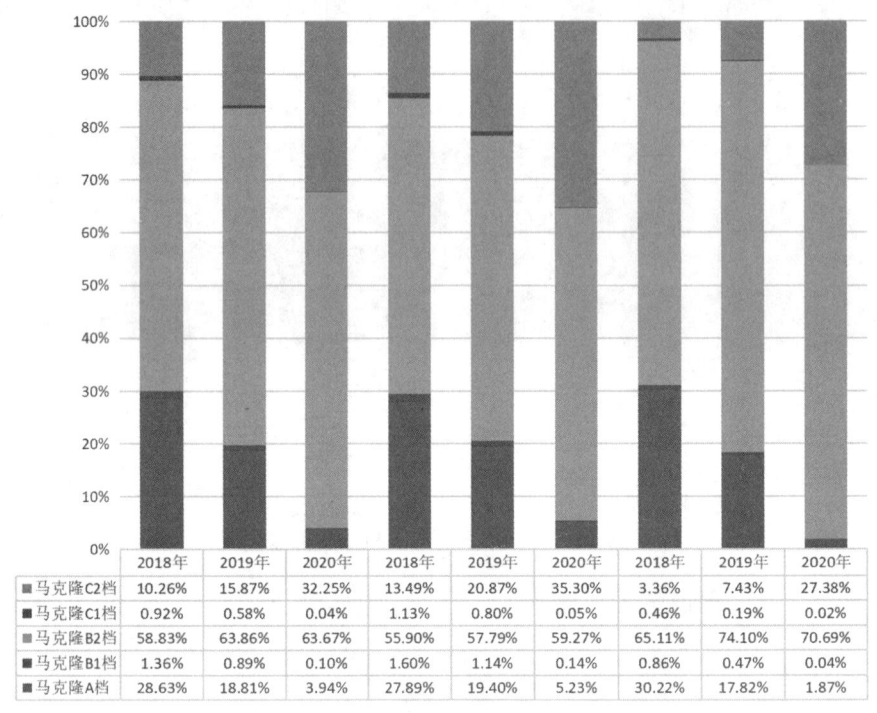

图3-9　2018—2020年新疆棉花马克隆值分布变化图

(4) 断裂比强度

从图3-10和图3-11可以看出,新疆各地棉花平均断裂比强度乌鲁木齐最高,为29.65 cN/tex,其次为第四师、第十师、第十二师,均达到了29 cN/tex以上。29 cN/tex以上占比最多的为乌鲁木齐,占比达到68.4%,其次为第十师、第四师、第十二师,占比均达到50%以上,第十三师、喀什、第三师占比不足10%。

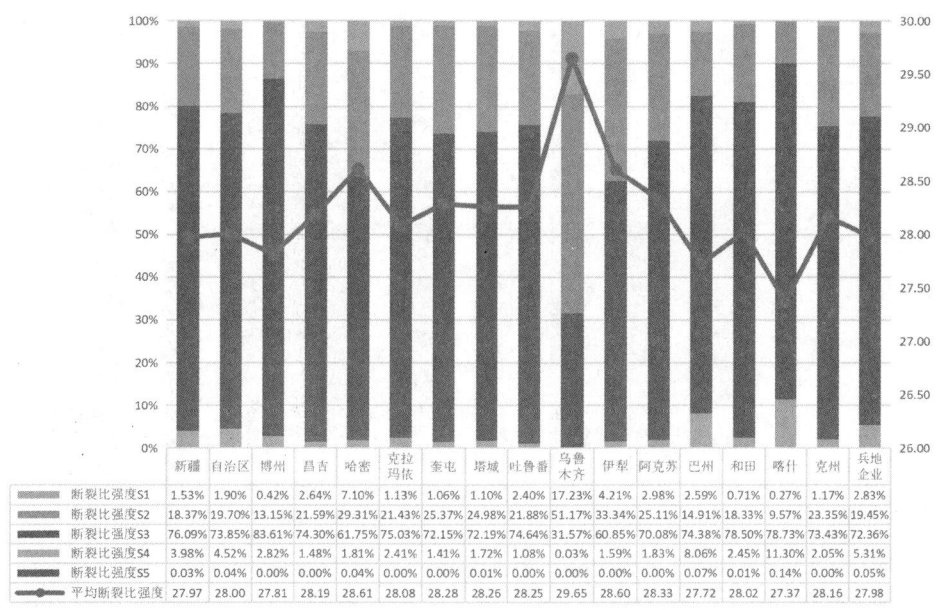

图 3-10　2020 年新疆地方棉花断裂比强度占比分布图

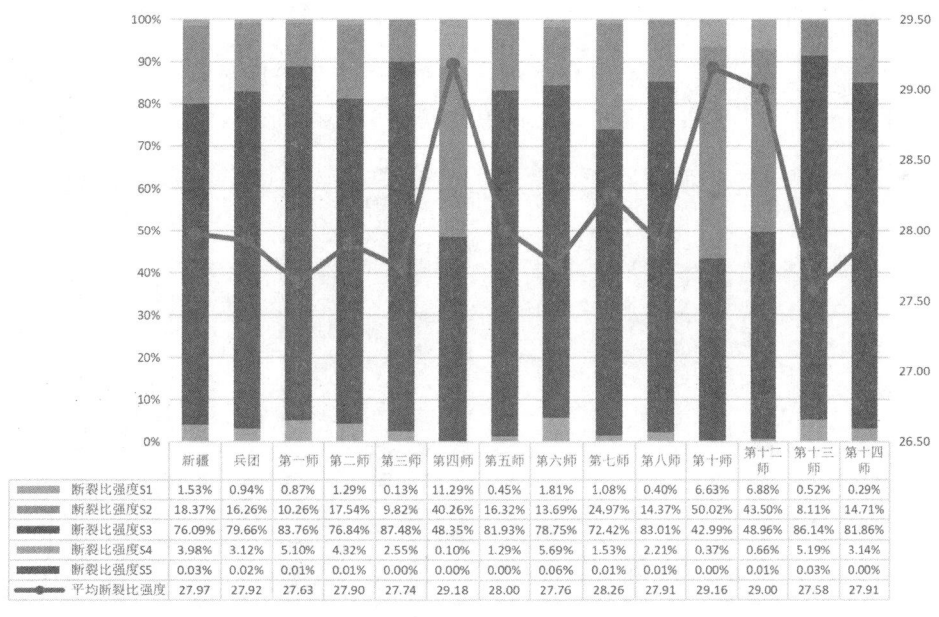

图 3-11　2020 年新疆生产建设兵团棉花断裂比强度占比分布图

图 3-12 中对比了近 3 个年度新疆棉花断裂比强度数据，2020 年新疆整体平均断裂比强度为 27.97 cN/tex，较 2019 年度降低 0.36 cN/tex，连续两年呈下降趋势。2018 年与 2019 年自治区棉花平均断裂比强度均较兵团低，但 2020 年较兵团高 0.08 cN/tex。

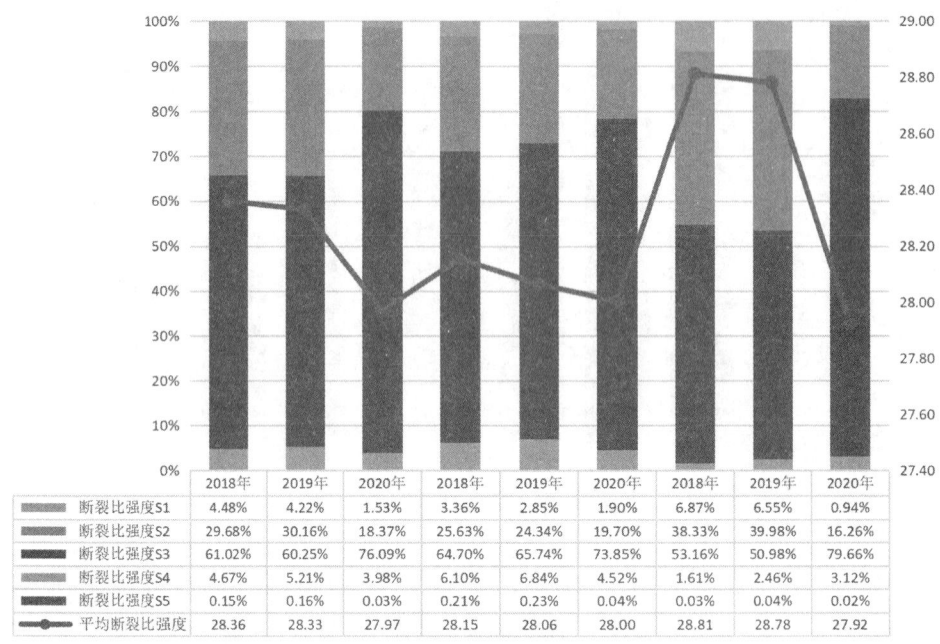

图 3-12　2018—2020 年新疆棉花断裂比强度分布变化图

(5) 长度整齐度

从图 3-13 和图 3-14 可以看出,新疆各地哈密平均长度整齐度最好,为 82.86%,多数长度整齐度在 U3 水平,U2 以上占比超过 30% 的有哈密、克州、和田、阿克苏。

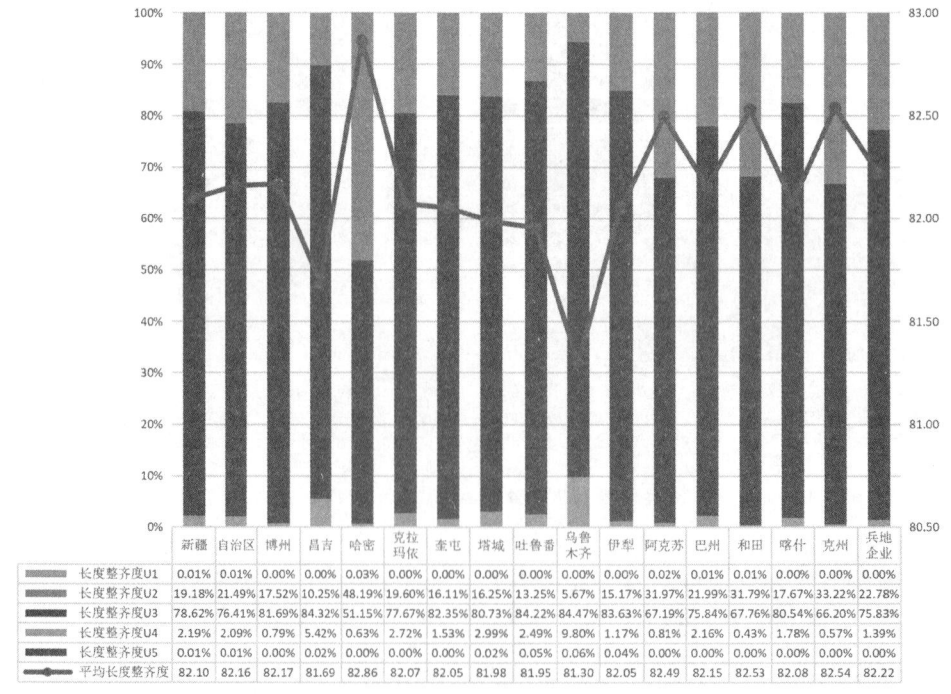

图 3-13　2020 年新疆地方棉花长度整齐度占比分布图

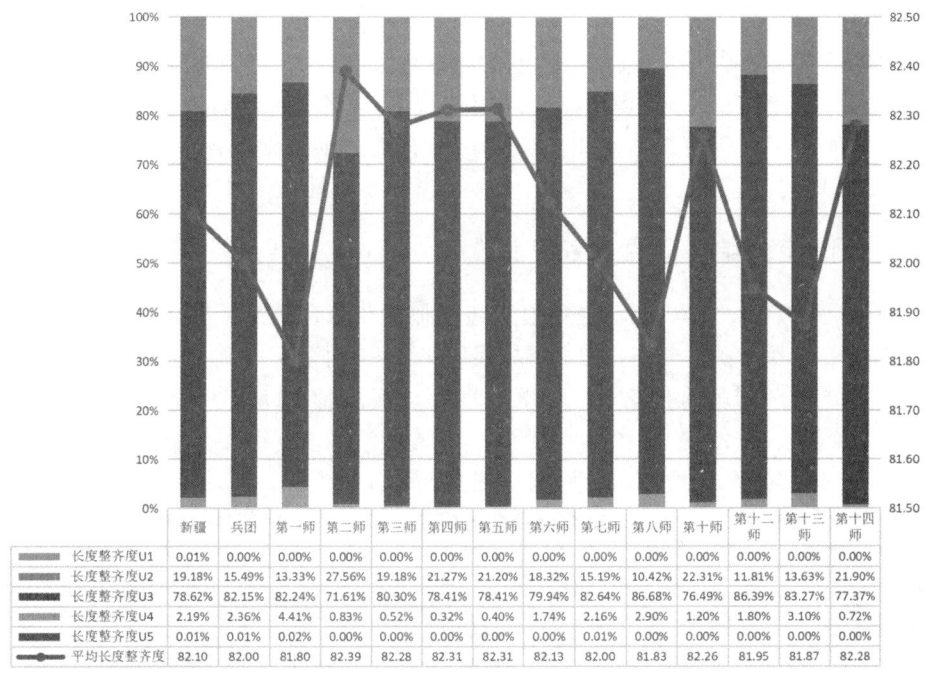

图 3-14　2020 年新疆生产建设兵团棉花长度整齐度占比分布图

图 3-15 中对比了 2018—2020 年新疆自治区和新疆生产建设兵团棉花长度整齐度数据，可以看出，2020 年度棉花平均长度整齐度为 82.00%，较 2019 年低了 0.45 个百分点，连续两年呈下降趋势。2018 年与 2019 年自治区棉花平均长度整齐度均较兵团低，但 2020 年自治区较兵团高了 0.16 个百分点。

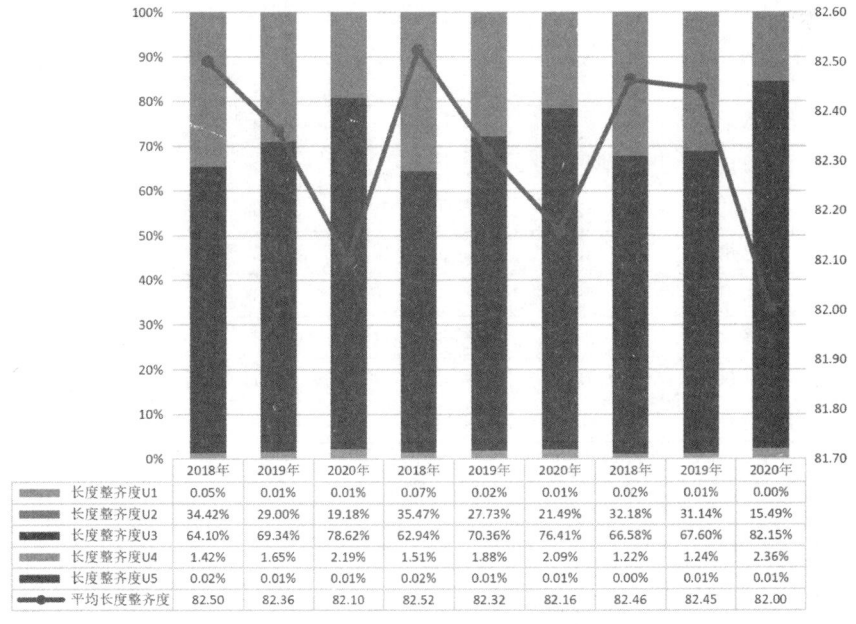

图 3-15　2018—2020 年新疆棉花长度整齐度分布变化图

(6) 综述

2020年新疆棉花质量出现明显下滑,五大指标均较2019年出现明显下降,自治区与兵团棉花质量均较2019年有所下降,但除马克隆值外,自治区各指标均表现出反超兵团态势,两者相比,兵团棉花质量下降得更多。和田、乌鲁木齐、哈密、第四师、第十师棉花各指标表现良好,但公检量即产量均较低。

3.2.3 公证检验综合质量分析

表3-2列举了2018—2020年新疆各地州与各师棉花综合质量情况。其中,2018年在新疆自治区15个州市累计检测皮棉3415144吨,兵团第1~8师、第10师和第13师累计检测皮棉1596167吨;2019年在新疆自治区15个州市累计检测皮棉3170270吨,兵团第1~8师、第10~14师累计检测皮棉1880741吨;2020年在新疆自治区15个州市累计检测皮棉3320668吨,兵团第1~8师、第10~14师累计检测皮棉2080804吨。

表3-2 2018—2020年新疆各地州和各师公检综合质量统计表

年份	地区	检验量(吨)	占比(%)			
			双29B	双30B	双29A	双30A
2018	新疆合计	5011311	20.50	3.09	7.04	1.05
	自治区合计	3415144	14.64	1.71	4.77	0.57
	兵团合计	1596167	33.01	6.05	11.89	2.08
	博州	198802	7.12	0.70	1.11	0.10
	昌吉	338041	12.16	0.92	2.96	0.24
	哈密	47976	23.42	1.91	12.50	1.00
	克拉玛依	50005	11.24	1.49	6.81	1.15
	奎屯	182970	32.13	3.54	7.04	1.04
	塔城	516635	38.34	6.40	8.44	1.19
	吐鲁番	31588	30.27	4.09	11.71	1.76
	乌鲁木齐	9459	22.30	0.98	10.68	0.58
	伊犁	12364	37.49	4.19	29.47	3.22
	阿克苏	816596	19.67	1.30	5.52	0.40
	巴州	379592	9.95	1.52	2.46	0.34
	和田	5291	9.76	0.23	2.62	0.03
	喀什	662849	3.85	0.22	0.43	0.04
	克州	85813	5.05	0.09	0.54	0.01
	兵地企业	77163	11.44	0.95	3.94	0.33
	第一师	290396	22.76	2.80	4.00	0.80
	第二师	96721	13.20	1.19	3.50	0.43
	第三师	125094	8.48	0.84	1.01	0.11
	第四师	14342	28.07	3.87	20.95	2.98
	第五师	84898	21.42	1.74	3.25	0.30

续 表

年份	地区	检验量(吨)	占比(%)			
			双29B	双30B	双29A	双30A
2018	第六师	159520	49.15	7.34	41.62	6.51
	第七师	265005	53.73	16.23	8.12	1.96
	第八师	514657	35.42	5.44	14.15	2.60
	第十师	13660	56.86	7.43	42.53	4.16
	第十三师	31872	11.39	0.67	2.73	0.26
2019	新疆合计	5051011	18.05	2.44	4.33	0.66
	自治区合计	3170270	12.01	1.59	3.39	0.54
	兵团合计	1880741	28.24	3.87	5.91	0.85
	博州	169921	9.18	1.79	3.02	0.81
	昌吉	296283	24.19	2.48	3.73	0.45
	哈密	42440	16.73	1.09	9.50	0.63
	克拉玛依	40359	9.74	1.09	2.31	0.62
	奎屯	105813	26.12	2.79	2.63	0.29
	塔城	494399	29.10	4.05	5.11	0.86
	吐鲁番	30895	23.64	3.18	5.96	0.89
	乌鲁木齐	7640	13.16	0.65	4.49	0.34
	伊犁	1331	14.92	1.54	11.44	1.19
	阿克苏	787893	24.95	5.55	17.92	4.52
	巴州	396197	7.04	1.16	1.36	0.40
	和田	4212	5.13	0.11	1.39	0.02
	喀什	639041	0.83	0.05	0.08	0.01
	克州	82509	3.31	0.08	0.49	0.01
	兵地企业	71337	18.87	2.86	4.79	0.75
	第一师	311525	2.37	0.18	0.38	0.08
	第二师	110195	4.18	0.12	0.65	0.02
	第三师	128226	1.84	0.04	0.07	0.00
	第四师	17149	53.05	12.08	44.48	10.63
	第五师	100233	43.58	3.45	2.14	0.28
	第六师	212806	29.74	2.73	17.12	1.76
	第七师	394863	44.93	8.07	6.21	1.22
	第八师	539136	38.69	5.11	5.30	0.80
	第十师	11189	55.09	4.96	48.21	3.95
	第十二师	13021	37.18	2.46	32.15	1.90
	第十三师	33624	10.21	0.87	0.65	0.30
	第十四师	8775	0.69	0.02	0.07	0.01

续 表

年份	地区	检验量(吨)	占比(%)			
			双29B	双30B	双29A	双30A
2020	新疆合计	5401472	5.53	0.62	0.99	0.24
	自治区合计	3320668	6.64	0.88	1.37	0.35
	兵团合计	2080804	3.77	0.22	0.38	0.08
	博州	180442	2.70	0.10	0.10	0.01
	昌吉	332846	10.34	1.78	2.49	0.69
	哈密	31554	4.88	0.45	1.06	0.18
	克拉玛依	32452	23.02	4.38	9.17	2.80
	奎屯	93761	5.84	0.23	0.03	0.00
	塔城	556015	6.25	0.30	0.43	0.07
	吐鲁番	30880	7.22	0.37	0.62	0.08
	乌鲁木齐	9812	4.95	0.86	1.56	0.51
	伊犁	1096	19.94	3.59	7.29	1.60
	阿克苏	899032	18.15	1.25	14.60	1.08
	巴州	425289	8.41	1.46	2.31	0.67
	和田	2389	5.70	0.14	1.17	0.01
	喀什	651671	0.83	0.04	0.06	0.01
	克州	24823	3.48	0.10	0.08	0.00
	兵地企业	48604	10.94	1.04	1.73	0.20
	第一师	333270	2.00	0.13	0.42	0.05
	第二师	126427	5.23	0.67	0.77	0.38
	第三师	148765	1.52	0.03	0.00	0.00
	第四师	6827	27.55	6.50	11.40	2.65
	第五师	115141	2.61	0.09	0.07	0.01
	第六师	280454	3.12	0.45	0.69	0.18
	第七师	477899	6.59	0.22	0.26	0.03
	第八师	536656	2.47	0.02	0.04	0.00
	第十师	9074	24.43	1.56	6.86	0.82
	第十二师	6142	13.13	0.88	5.22	0.52
	第十三师	34288	4.09	0.38	0.70	0.21
	第十四师	5862	0.81	0.00	0.17	0.00

分年度将表3-2中的数据按综合质量进行分类统计,结果如图3-16所示。可以看出,2020年新疆棉花双29B以上占比5.53%,较2019年降低12.52个百分点,较2018年降低14.97个百分点;双30B、双29A、双30A占比均不足1.00%,而2019年双30B占比2.44%,双29A占比4.33%,2018年双30B占比3.09%,双29A占比7.04%,双30A占比1.05%,2020年优质棉花占比明显下降。2018年与2019年自治区优质棉占比均明显低于兵团,2018年自

治区双29B占比14.64%,较兵团33.01%低了18.37个百分点,2019年自治区较兵团低16.23个百分点,但2020年自治区双29B占比6.64%,较兵团高了2.87个百分点。自治区与兵团优质棉比例均逐年降低,但自治区降低幅度明显低于兵团。

2020年新疆双29B占比总体值为5.53%,中位数为5.70%;自治区占比总体值为6.64%,中位数为6.25%;兵团占比总体值为3.77%,中位数为3.60%。各地区中双29B占比最高的是第四师为27.55%,其次为第十师、克拉玛依均在20.00%以上,伊犁、阿克苏、第十二师、兵地企业均在10.00%~20.00%之间。第四师与第十师在单指标统计中也表现良好,而其他在单指标统计中表现良好的和田、乌鲁木齐、哈密排名居中靠下,可见单指标统计中即使大多数指标表现良好的地区,综合统计的优质棉比例也不一定较高。

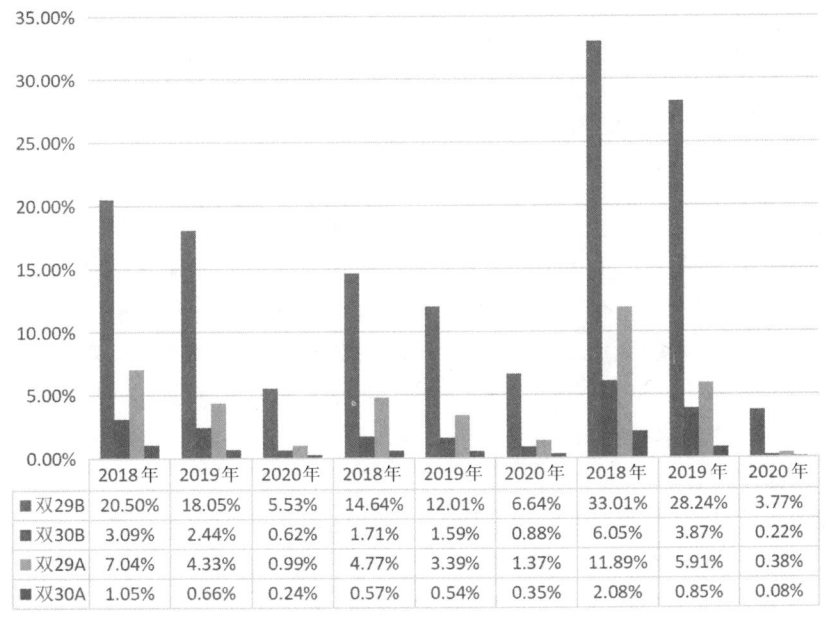

图3-16　2018—2020年新疆棉花综合质量情况变化图

大部分地区2020年双29B占比同比降低,少部分地区有所提高,克拉玛依2020年双29B占比同比增加13.28个百分点,伊犁同比增加5.02个百分点,巴州、第二师、和田、克州、第十四师均有不同程度的增加;第五师同比降低最多,降低了40.97个百分点,第七师、第八师、第十师降低均在30个百分点以上。双29B占比同比增长最多的为克拉玛依,同比增长136.40%,其次为伊犁增长33.65%,第二师增长25.12%;同比降低最多的为第五师、第八师,降低幅度在90.00%以上,第六师、第七师降低幅度在80.00%以上。

双29A占比最多的为阿克苏,占比14.60%,其次为第四师11.40%、克拉玛依9.17%;双30B占比最多的为第四师6.50%,其次为克拉玛依4.38%、伊犁3.59%;双30A占比最多的为克拉玛依2.80%,其次为第四师2.65%。

另外,异性纤维含量指标仍然偏高。生产中高档产品的棉纺企业反映国产棉异性纤维仍然偏多,主要是塑料、头发及色线等。一是新疆人工紧缺和机采棉的大范围普及,组织大规模的倒垛挑拣不现实,纺织企业对加工企业的挑拣结果认可度不高。二是随着新疆人工拾花成本的增长,机采棉迅速发展,但配套技术没有有效的研发与应用,造成加工环节三丝清理技术不能满足机采棉采摘要求,如异性纤维清理机械处理速度和异性纤维排除效果均不够理想,不能满足纺织用棉的需要。

3.2.4 质量问题分析

根据中国棉纺织行业协会提供的数据,我国纺织企业2015—2020年年均棉纤维用量698万吨,年均棉纤维和非棉纤维用量1928万吨,年均纱线产量1840万吨。其中,按40支纱及以上纱的产量占总纱产量30%和用棉比36%计算,年均需要高质量棉花198万吨。随着我国纺织企业转型升级步伐加快,对高质量棉花的需求还会不断增加。

2019年新疆棉花质量同比稍有下降,2020年明显下滑,尤其是优质棉比例下滑较多,双29B占比仅为前两年的1/4,双29A、双30占比不到1.00%。从历史经验来看,自治区和兵团对比,兵团棉花质量优于自治区,2018年和2019年兵团棉花各指标和综合质量均明显优于自治区,但2020年自治区棉花质量略高于兵团。质量下降的原因主要有以下几点。

(1)加工产能过剩的影响

2020年新疆棉花年产量524.39万吨,现有加工生产线1444条,实际加工产能超过1000万,产能显著过剩;每条生产线标准设计产能是按年加工量5000吨、加工周期100天设计,但实际平均年加工量只有3631吨、加工周期约70天,只能达到设计产能的72%左右。目前北疆棉区98.00%以上棉花采摘方式为机采,南疆机采规模也在逐年上升,采摘期和收购期均逐渐缩短,收购高峰期企业放低质量要求抢收资源,造成了恶性竞争、收购秩序混乱的市场状况。加工方面,因收购棉花的水杂过高,企业在加工时过度清杂,降低了棉花的品质。抢收现象既不利于棉花品质保障,也为采摘中掺水掺土掺杂创造了空间。另外,加工产能过剩也造成企业的成本与市场风险增大,经营效益难以保障,难以对设备工艺进行必要的升级改造,以及培养与保持固定的收购加工专业人员,使收购加工环节不能很好地执行相关规范标准。兵团原有收购加工专业人员的流失与对设备设施改造升级的投入力度下降,对质量的影响更加明显。

(2)种植管理的影响

一是规模化程度降低。职工土地确权后人均40~50亩地在一定程度上降低了团场棉花种植的规模化,职工自主选择品种加大了品种的多样性,为降低种植成本更愿意选择价格低、产量高、衣分高、成熟早的品种,而忽略棉种内在品质,选种随意性大、自主性强,同一块地中几个品种混种的现象也较为普遍。

二是生产管理的标准化程度降低。兵团取消"五统一"后,棉花种植管理逐渐从行政推动向服务转变,对影响棉花质量的病虫害防治、水肥、化调、打顶、打脱叶剂等种植管理措施变得参差不齐或不到位,相同品种最后产出的棉花质量也有一定差别。相反自治区地方土地流转速度加快,规模化标准化种植程度逐步提高,在一定程度上遏制了棉花质量的下滑。

三是新疆疫情的原因。棉农对棉田的管理工作受到影响,疫情时期正值棉花纤维生长的关键时期,需要大量的水肥以及及时的生长调控,须按生长时节确保水肥供给充足,同时要及时防止病虫害等,否则即会出现棉花早熟,造成棉花纤维过成熟、纤维长度变粗变短、强力变差。

(3)气候条件的影响

本年度棉花种植生长期的4—5月,南北疆气温高于往年,有利于增加积温。而在6—8月棉花品质关键生长期，北疆大部分地区出现干旱缺水，8月中下旬秋季降温快，影响了棉花正常生长。积温增加容易使棉花过成熟，干旱则不利于纤维的伸长，造成全疆棉花马克隆值发生变化，长度、强力等内在指标下降。

(4) 政策导向的影响

目标价格补贴政策主要按收购结算重量进行补贴，产量高的得到补贴多，产量增加的利润远高于质量差价，棉花质量对价格影响不大，棉农普遍关注度不高，"以质论价、优质优价"未能传递给棉农。虽然近几年也开展了价格补贴与质量挂钩试点，对优质棉生产给予奖励，但受资金额度和实际操作的限制，质量奖补金额占棉花价格的比重较低，政策对生产高质量棉花的导向作用不强。因此，以重量为主的补贴政策导向，致使部分棉农为增加重量、多拿补贴，近两年出现了棉农不顾棉花质量，在采收交售棉花时，采用不规范的手段想方设法增加棉花重量，这也是造成棉花品质下降的原因。

(5) 品种的影响

目前棉农普遍重产量轻质量，育种机构"重审定、轻育种，重品种、轻繁育"，2018年新疆维吾尔自治区对14个主要植棉县(市)实地调查，共发现棉花品种500多个，品种多乱杂致使棉花质量一致性差。兵团近两年放宽统一质量管控与"一主两副"棉种管控后，流入市场的品种迅速增多，棉花品种多乱杂情况更加严重。另外，长期以来，新疆棉花品种区域试验参加(审定)品种都为非转基因，而生产上种植的品种都是抗虫棉，区域试验参加品种、审定品种与推广品种的"两张皮"问题急需破解。近几年推出的高产、高衣、高质量的品种多为杂交棉，该类品种隔年退化现象也较为严重，没有及时提纯复壮，最终导致棉花质量一致性和内在质量指标较差，出现"两高两低"，即衣分高、马克隆值高、长度短、强力低，特别是北疆地区棉花的质量下滑更明显。

(6) 机采棉占比的提高

手摘棉面积下降、机采率提升和机采棉生产加工技术不过关造成的质量下降是目前新疆棉质量下降的一个重要因素。主要原因在于：其一，机采棉的回潮率通常在12%~20%，高于手摘棉回潮率，且机采棉采摘速度快、交售量大、时间集中，轧花厂加工进度比较慢，容易造成籽棉焙垛，使得棉花的色泽和内在质量受到影响，机采棉的平均等级比手摘棉低1~1.5级；其二，机采棉杂质较多，为了清除杂质，轧花厂对皮棉的清理次数要多于手摘棉，而多次皮棉清理对棉纤维的损伤较大，因此造成棉花长度偏短（短1.5~2毫米）、整齐度指数偏低而短绒率偏高；其三，棉花纤维强度降低，受气候和催熟技术、混等混级加工、机采棉在推广过程中一些技术尚未成熟、种植品种选取不合理、脱叶催熟不当、地膜残片混入棉花等问题也会对棉花质量造成影响。

3.3 小 结

本章内容主要由中国棉麻流通经济研究会秘书处提供，由中国纤维质量监测中心王扬执笔，经中国棉麻流通经济研究会六届三次理事会、六届二次常务理事会及有关专家讨论修改完成。由安徽财经大学李浩老师和周万怀老师负责整理，刘从九和徐守东老师负责审查。这里对本章内容的编写人员及相关单位表示衷心的谢意！

第 4 章 棉花消费与贸易报告

4.1 棉花进出口贸易

棉花是重要的国际贸易商品,全球有超过 150 个国家参与棉花的进出口。在 20 世纪 80 年代初,棉花贸易量约占世界棉花产量的 30.00%,自 2005 年以后,棉花贸易量占到世界棉花产量的近 40.00%。

4.1.1 全球棉花供应和分配状况

从全球棉花的供应和分配(表 4-1)的变化来看,全球棉花的生产和消费基本保持了增长的态势,但棉花产量在年度间的波动较大,而消费则基本呈增长趋势。棉花的库存起到了调节年度之间供需平衡的重要作用。

表 4-1 全球棉花供应和分配状况

年度	产量(万吨)	进口量(万吨)	出口量(万吨)	消费量(万吨)	期末库存(万吨)	库存消费比(%)
2010/2011	2553.86	790.27	760.08	2514.11	1072.79	43.00
2011/2012	2770.41	988.97	1002.16	2266.21	1568.38	69.00
2012/2013	2697.63	1037.02	1009.37	2356.28	1944.84	83.00
2013/2014	2620.51	902.16	896.96	2392.49	2176.07	91.00
2014/2015	2595.64	794.26	788.68	2445.50	2325.95	95.00
2015/2016	2093.70	777.71	760.92	2465.12	1965.57	80.00
2016/2017	2322.62	824.61	829.36	2531.42	1747.54	69.00
2017/2018	2698.91	904.67	907.71	2675.35	1765.66	66.00
2018/2019	2581.82	923.91	904.69	2622.97	1742.82	66.00
2019/2020	2643.13	886.99	897.72	2238.64	2137.14	95.00
2020/2021	2447.70	1053.61	1046.10	2591.22	1998.32	77.00
2021/2022	2587.44	1007.00	1006.98	2685.09	1899.12	71.00

[注:(1)此处采用的是棉花年度,从当年的 8 月 1 日算到第二年的 7 月 31 日。(2)库存消费比=期末库存/消费量。(3)2021/2022 年度为预测值。资料来源:美国农业部①]

---

① 美国农业部. https://www.usda.gov/.2021.8.27.

全球棉花库存在20世纪70年代和80年代前半期,基本稳定在500万吨左右,随后一直到90年代中期稳定在1000万吨以内,20世纪90年代中期以来,全球棉花的库存上升到1000万吨以上,库存消费比在50.00%左右,相对处于较高的水平。2011年以后全球棉花库存大幅度上升,2011/2012年度的期末库存达到1568.38万吨,到2014/2015年度上升到2325.95万吨,之后呈回落趋势,到2018/2019年度下降到了1742.82万吨,2019/2020年度又大幅上升至2137.14万吨,2020/2021年度小幅回落至1998.32万吨。近年的库存消费比达到非常高的水平,几乎都超过50.00%,个别年度高达95.00%,接近于100%。全球棉花库存近年来大幅度提高的主要原因是,中国从2011年到2014年之间实行棉花临时收储政策,以远远高于国际棉花价格的收储价格,对国内生产的棉花进行收储。

4.1.2 全球棉花的贸易规模

根据美国农业部的统计数据可以看出,20世纪60年代以来全球棉花的贸易基本呈递增趋势,近50年来,棉花的出口量增长了一倍多。2000/2001年度全球棉花出口569.48万吨,到2012/2013年度增长到1009.37万吨,随后开始下降,到2015/2016年度达到最低值,为760.92万吨,之后又逐年回升,到2020/2021年度为1046.10万吨。详情见图4-1。

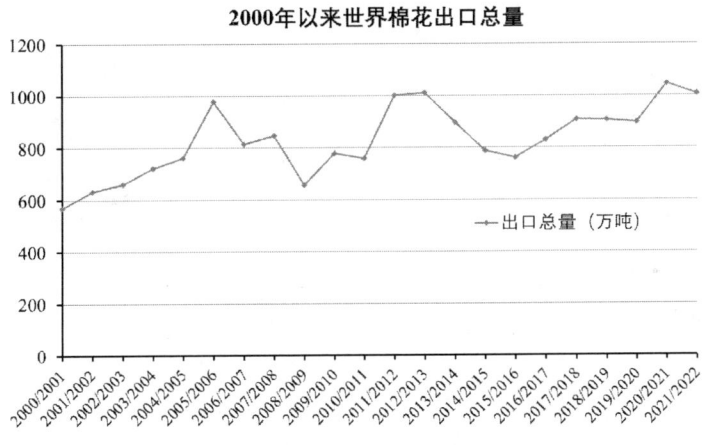

图4-1 2000年以来世界棉花出口总量
(注:2021/2022年度为预测值。资料来源:美国农业部)

4.1.3 主要国家的棉花贸易

对于一个具体国家来说,消费(C)-生产(Q)=进口(M)-出口(E),等号左边表示国内供需关系,右边表示棉花贸易。当C>Q时表现为过量需求,反之表现为过量供给;M>E时为净进口,反之为净出口。

表4-2列出了棉花进出口位居前列的国家的基本情况。根据美国农业部的数据,在棉花进口方面,世界前七大进口国分别为中国、孟加拉国、越南、巴基斯坦、土耳其、印度尼西亚、印度;在棉花出口方面,世界前七大棉花出口国分别为美国、巴西、印度、澳大利亚、希腊、贝宁、马里。

表 4-2 主要国家的棉花进出口情况

国家	棉花进口量(单位:万吨)				
	2017/2018	2018/2019	2019/2020	2020/2021	2021/2022
中国	124.3	209.9	155.4	277.6	217.7
孟加拉国	165.5	152.4	163.3	185.1	174.2
越南	152.4	151.1	141.1	158.5	165.5
巴基斯坦	74.0	62.1	86.5	115.4	121.9
土耳其	95.6	78.5	101.7	116.5	113.2
印度尼西亚	76.6	66.4	54.7	49.0	53.3
印度	36.5	39.2	49.6	17.4	21.8
其他	179.8	164.3	134.6	134.2	139.4
总计	904.7	923.9	887.0	1053.6	1007.0
	棉花出口量(单位:万吨)				
美国	354.5	323.0	337.7	356.0	326.6
巴西	90.9	131.0	194.6	239.8	178.5
印度	112.8	76.7	69.7	132.8	130.6
澳大利亚	85.2	79.1	29.6	29.4	76.2
希腊	23.4	29.5	31.9	33.2	31.0
贝宁	23.3	30.3	21.1	30.5	30.5
马里	28.3	29.4	25.6	13.1	28.3
其他	189.3	205.8	187.5	211.4	205.2
总计	907.7	904.7	897.7	1046.1	1007.0

注:此处采用的是棉花年度,从当年的8月1日算起到次年的7月31日。

(资料来源:美国农业部)

4.1.4 我国棉花贸易

中华人民共和国成立以来,我国的棉花产业快速发展,在国际上的地位逐渐提高,逐渐成为数一数二的棉花生产大国。自从加入WTO后,我国的棉花产业发展发生了巨大的变化,不仅是棉花生产大国,同时也是棉花消费大国。从目前的情况来看,我国的棉花供应和需求之间存在较大的缺口,本土的棉花产量已经难以满足市场需求,逐渐成为世界上最大的棉花进口国,虽然也有部分棉花出口,但占比非常小。

(1)棉花进口

根据国家统计局统计数据显示,2004年以来中国棉花进口数量及金额详情如图4-2所示。可以看出,从2004年开始,我国棉花进口开始快速增长,到2006年进口量达到364.0万吨、进口额为48.7亿美元;随后,由于受到2008年全球金融危机的影响,棉花进口量出现短期下调,2009年触底为153.0万吨,进口额为21.1亿美元;从2010年开始棉花进口量出现较大增加,2012年达到最大量,为513.0万吨,进口金额为118亿美元;随后又出现一定的回落,到

2016年又开始回升,2019年进口数量为184.9万吨,进口金额35.7亿美元。

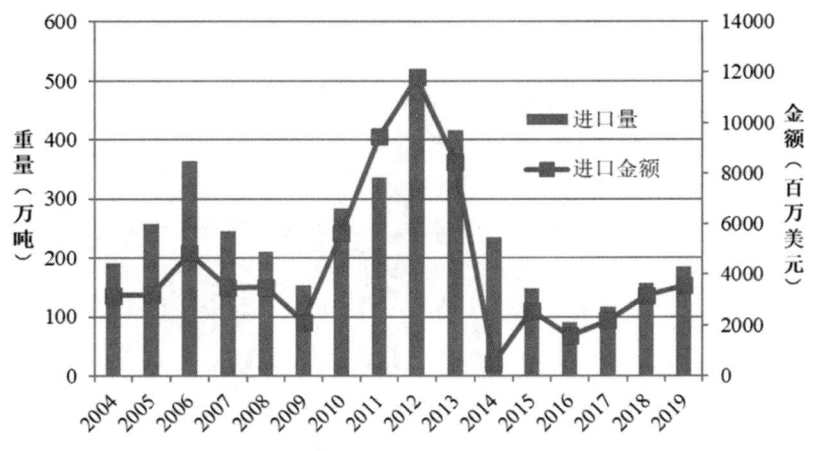

图4-2 中国棉花进口数量及金额
(数据来源:国家统计局)

(2)棉花出口

长期以来,我国一直居于世界最大棉花消费国的地位,加入WTO以后,虽然我国每年也有部分棉花出口,但出口量远远低于进口量。根据国家统计局的数据资料显示(图4-3),从2004年开始到2018年,我国的棉花出口量呈波动性缓慢增长,到2018年出现了稍大幅度的增长,年出口量接近5万吨。

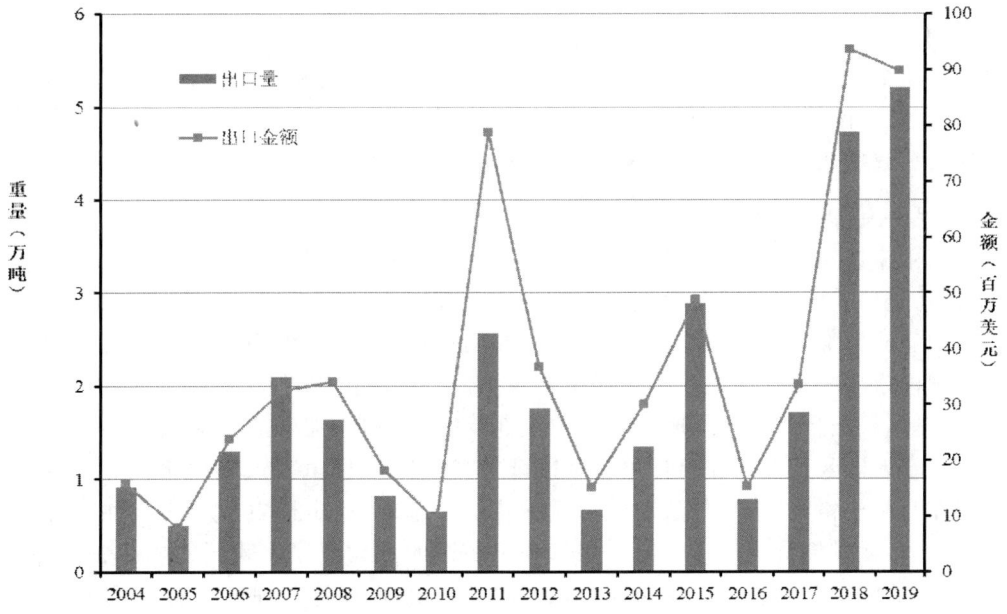

图4-3 中国棉花出口数量及金额
(数据来源:国家统计局)

4.1.5 影响我国棉花进口的主要因素

影响我国棉花是否需要进口的因素主要有国内的棉花生产能力、生产量和安全成本以及供需缺口,而具体如何进口则与国家的棉花贸易政策密切相关。

(1)棉花生产能力的提高受到资源的约束

我国棉花的生产能力主要受到耕地和水资源、资本、劳动、技术等要素的投入能力影响。首先,中国国土辽阔,但人多地少,耕地后备资源严重不足。同样,中国的水资源总量丰富,但人均占有量较低,而且分布不均且季节性强,非常不利于棉花生产能力的提高。其次,就农业生产技术而言,虽然我国对于棉花生产在技术方面的投入力度不断加大,但同美国等发达国家相比,技术仍然相对落后,致使本土生产的棉花质量较差,难以满足对于高品质的棉花需求。

(2)棉花生产成本较高

我国自 1999 年以后,棉花产业在国际市场上的比较优势已经基本丧失,棉花产业处于劣势地位,其主要原因是生产成本居高不下。我国的棉花生产成本与美国相比,始终较高并且差距较大。由于美国已实现了棉花生产全程机械化,而中国仍处于半机械化时代,劳动力投入较大,从而使生产成本居高不下。

(3)刚性需求不断增加

中国是棉纺织品生产和消费大国。棉花是重要的纺织原料,根据美国农业部的数据,2019/2020 年度中国的棉花消费达到 719 万吨。中国消费者生活水平和可支配收入的提高、人口的增长以及城镇化的不断推进,都在一定程度上推高了国内市场对纺织品的需求。

(4)棉花品质差异大

随着国民可支配收入和消费水平的提高,国内市场对高端棉纺织品的需要也日益增长,推动了对高品质棉花需求的增长。而本土棉花生产在种植、运输和加工等各个环节都存在一定程度的问题,在国际市场上的竞争力不足。尤其是近年来,国产棉花的整体质量还有所下降,主要体现为一致性较差、短绒率高、马克隆值高以及三丝多等问题。

(5)政策性因素的影响

由于国内市场对棉花的需求比较大,棉花被列为战略资源加以保护。自从加入 WTO 以来,针对棉花进口我国采取了关税配额措施进行调控。从 2005 年开始,我国开始对棉花配额外的进口棉实施滑准税政策,其目的是调节棉花的进口价格,减少国际市场价格波动的影响,从而稳定国内市场的棉花价格。为了稳定棉花生产及市场价格、保护国内棉农的经济利益、保证市场供应等,我国从 2011 年到 2013 年连续 3 年实行了棉花临时收储制度;从 2014 年开始,我国又对新疆地区实行了棉花目标价格补贴政策;2017 年,国家发改委提出从 2017 年起在新疆深化棉花目标价格改革,对打造新疆优质棉花生产基地,稳定棉农种棉积极性,提升国内棉花产业竞争力,促进棉纺织产业健康发展起到了积极的推动作用。我国的棉花去库存政策是从 2014 年开始的,其标志是 2014 年储备棉花政策的出台,在棉花种植面积下降、产量下滑、进口配额不增发的情况下,2014—2017 年我国棉花去库存政策的实施效果显著。除了以上政策的影响之外,我国在三省一区实施的玉米临时收储政策也对我国棉花的进口产生了间接影响。

4.2 棉花价格

4.2.1 国际棉花价格变动

全球棉花价格的变动受多种因素的影响,包括世界棉花产量、消费量、经济景气程度、气候状况、战争、化纤的价格等,而且棉花的品种以及品质也会影响到棉花的价格。各个国家(如中国、美国等)实施的补贴政策也会对棉花价格产生一定的影响。

国际棉花价格指数可以反映国际棉花综合报价水平。如图4-5所示,为国际棉花价格变动情况。可以看出,2005年以来国际棉花价格波动幅度较大。年度价格由2005年的54.24美分/磅上涨到2008年的71.32美分/磅,2009年出现了一定幅度的下降,为62.87美分/磅,随后又出现了大幅度的上升,2011年达到了最高位,为154.4美分/磅,而后几年又呈下降趋势,2015年降到70.39美分/磅,随后又小幅度呈波动上升变化,2021年上升到93美分/磅。

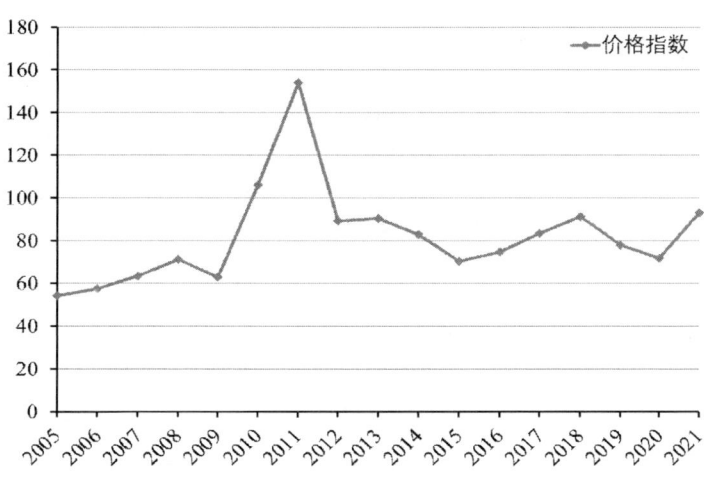

图4-4 国际棉花价格指数年度变动(单位:美分/磅,自然年度)
(数据来源:Cotlook)

4.2.2 中国棉花价格变动

根据中国棉花协会统计数据显示(图4-5),2013年以来,中国棉花价格变动较大,整体上呈下降趋势,到2015年,CCIndex229、CCIndex328、CCIndex527分别降到13895元/吨、13235元/吨和12166元/吨;随后又呈现一定幅度的上升,到2018年分别为16487元/吨、15879元/吨和14817元/吨;从2019年开始又呈现下降趋势,到2020年分别为13250元/吨、12929元/吨和12078元/吨,2021年又出现一定幅度的上升,分别为16457元/吨、16126元/吨和15272元/吨。中国棉花价格的变动一方面受供求关系变化的影响,另一方面也受国际棉花价格变动和国家的补贴政策的影响。对比图4-4可以看出,国内棉花价格变动和2013年以后国际棉花价格变动十分相近。

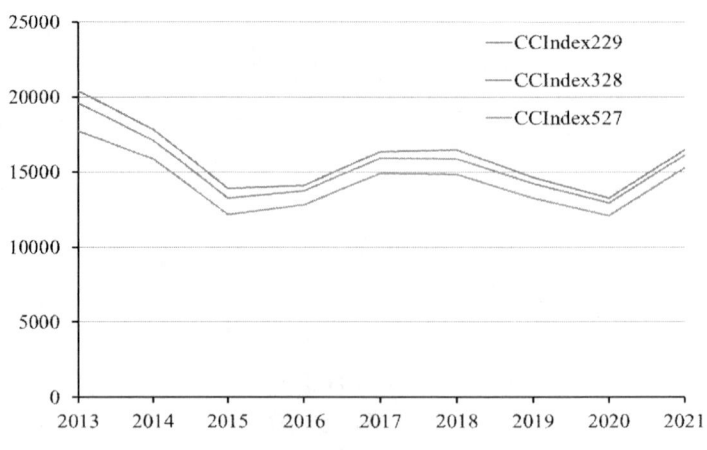

图 4-5　中国棉花价格指数年度变动(单位:元/吨,自然年度)
(数据来源:中国棉花协会)

4.2.3　中国棉花进口价格变动

这里使用中国进口棉花价格指数来代表进口棉花价格变动趋势。中国进口棉花价格指数是中国棉花价格指数体系的重要组成部分之一,该指数由中国棉花协会、全国棉花交易市场、英国 Cotlook 公司三方共同发起,可以反映进口棉花到中国的综合报价水平。图 4-5 为中国进口棉花价格指数变动情况。

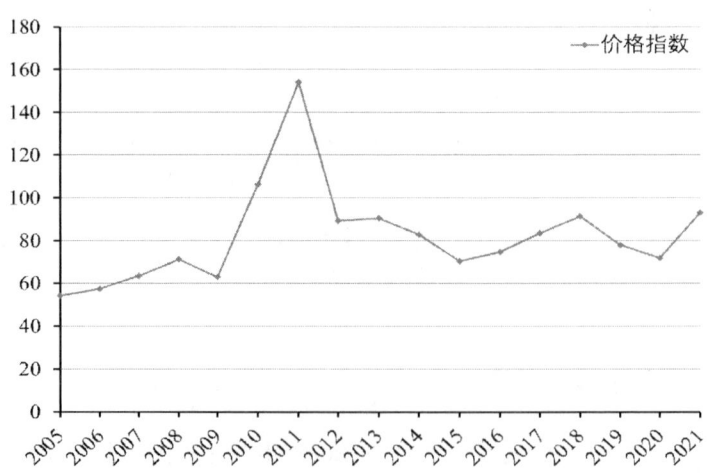

图 4-6　中国进口棉花价格指数年度变动(单位:美分/磅,自然年度)
(数据来源:中国棉花协会)

可以看出,2005 年以来中国进口棉花价格与国际棉花价格变动趋势相近(图 4-6),价格波动幅度较大,年度价格由 2005 年的 58.08 美分/磅上涨到 2008 年的 72.63 美分/磅;2009 年出现了一定幅度的下降,为 65.41 美分/磅,随后又出现了大幅度的上升,2011 年达到了最高位,为 159.21 美分/磅;而后几年又呈下降趋势,2015 年降到 71.27 美分/磅,随后又小幅度呈波动上升变化,2021 年上升到 95.15 美分/磅。

全球棉花价格的变动受多种因素的影响,但影响棉花价格的主要因素仍然是供求关系的变化。由于中国棉花产量在国际棉花市场有着举足轻重的地位,"中国因素"也成为影响国际棉花价格走势的重要因素,中国棉花的生产及进口量对世界棉花价格变动影响较大。

4.3　棉花仓储

4.3.1　全球棉花库存的变化

当前全球棉花期末库存排在前 7 位的国家分别为中国、印度、巴西、澳大利亚、美国、巴基斯坦和土耳其,详见表 4-3。

表 4-3　主要国家的棉花期末库存情况

国家	期末库存(单位:千吨,棉花年度)				
	2017/2018	2018/2019	2019/2020	2020/2021	2021/2022
中国	827.2	776.6	803.4	852.2	758.5
印度	200.9	196.0	367.6	345.8	313.2
巴西	188.5	266.8	313.6	242.7	269.4
澳大利亚	66.2	34.2	17.5	48.3	67.1
美国	91.4	105.6	157.9	69.7	65.3
巴基斯坦	61.6	54.3	73.8	59.7	58.0
土耳其	42.5	36.9	60.2	59.1	57.0
其他	287.4	272.3	343.2	320.9	310.6
总计	1765.7	1742.8	2137.2	1998.3	1899.1

(数据来源:美国农业部)

根据美国农业部统计数据显示,全球棉花库存在 20 世纪 70 年代和 80 年代前半期,基本稳定在 500 万吨左右,而从 80 年代中期开始快速上升,达到 1000 万吨,随后一直到 90 年代中期基本稳定在 1000 万吨以内;1998 年以后,棉花库存开始超过 1000 万吨,其中 2011 年至 2014 年棉花库存增长较快,2011 年棉花库存为 1569 万吨。2011 年之前大部分年份棉花生产量小于消费量,2011 年之后棉花产量超过消费量,多出 503 万吨。尽管随后这种差距在逐渐缩小,但 2014/2015 年度仍然多出 152 万吨,这推高了全球棉花库存的最高水平,达到 2324 万吨。随后全球棉花库存出现一定幅度的降低,2020/2021 年度全球库存为 1998.3 万吨。

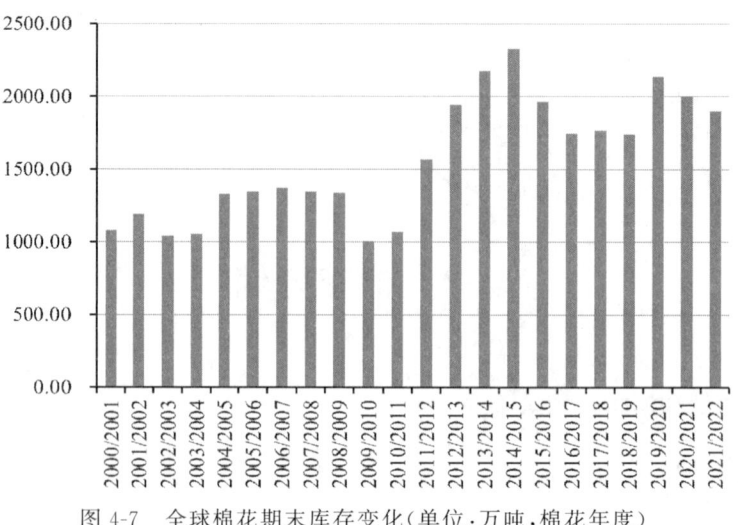

图 4-7　全球棉花期末库存变化(单位:万吨,棉花年度)
(注:2021/2022 年度为预测值。数据来源:美国农业部)

4.3.2　中国棉花库存变化

我国棉花期末库存变化情况如图 4-8 所示。2010 年之前,我国的棉花期末库存基本稳定在 400 万吨左右,从 2011 年开始我国棉花期末库存大幅度上升,到 2014 年达到 1446 万吨,处于最高水平,这是因为我国从 2011 年开始实行了棉花临时收储政策,以远远高于国际价格的棉花收储价格,对国内生产的棉花进行收储,使得库存量大幅增加。2014 年之后,我国棉花期末库存量开始出现一定幅度的下降,到 2017 年降到 999 万吨。因为我国从 2014 年开始取消了棉花临时收储政策,并施行了一系列去库存策略。由此也引起了全球棉花库存的大幅降低,从 2018 年至 2021 年,基本维持在 800 万吨左右。

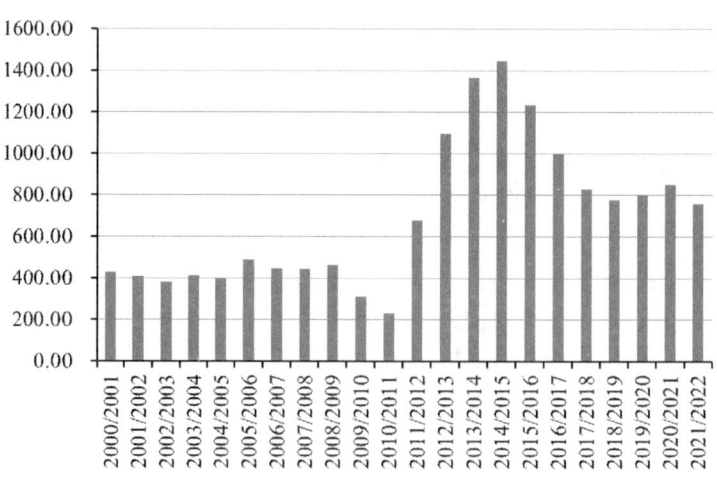

图 4-8　中国棉花期末库存变化(单位:万吨,棉花年度)
(注:2021/2022 年度为预测值。数据来源:美国农业部)

4.4 棉花消费

4.4.1 全球棉花消费的变化

从 20 世纪 40 年代以来,全球的棉花消费以平均 2% 的速度增长,其中 50 年代和 80 年代棉花消费增长速度较快,50 年代的消费增长率达到 4.6%,80 年代的消费增长率也达到 3%。发展中国家是棉花消费增长较快的地区。根据 ICAC 的数据,1981—1999 年,发展中国家的棉花消费占到全球棉花消费的 78%,而 2000 年以后则超过了 80%,2010 年已达到 94%。表 4-4 为全球主要棉花消费国的棉花消费量。可以看出,棉花消费向发展中国家转移,主要是因为纺织业属于劳动密集型产业,纺织业中劳动力成本占到产品成本的 1/6,发展中国家的劳动力成本低。劳动力成本的上升削弱了发达国家纺织品生产的竞争力。

表 4-4 全球主要国家棉花的消费量

国家	棉花消费量(单位:万吨)				
	2017/2018	2018/2019	2019/2020	2020/2021	2021/2022
中国	892.7	860.0	718.5	870.9	892.7
印度	525.8	529.1	435.5	522.5	555.2
巴基斯坦	237.3	233.0	200.3	226.4	230.8
孟加拉国	163.3	156.8	150.2	182.9	185.1
土耳其	164.4	150.2	143.7	167.6	178.5
越南	143.7	152.4	143.7	158.9	165.5
乌兹别克斯坦	54.4	61.0	65.3	68.6	69.7
其他	493.8	480.6	381.5	393.3	407.7
全球	2675.4	2623.0	2238.7	2591.3	2685.1

美国农业部的数据表明,中国、印度、巴基斯坦这些国家既是棉花生产大国同时也是棉花消费大国,20 世纪 80 年代后这三个国家的消费超过全球棉花消费的 50%。2020/2021 年度这三个国家占比高达 62.5%,其中中国棉花消费量约占全球的 33.6%,印度和巴基斯坦棉花消费量约占全球的 20.2% 和 8.7%。另外,孟加拉国的消费量占全球的 7.1%,土耳其和越南的消费量分别约占 6.5% 和 6.1%,详情见图 4-9。

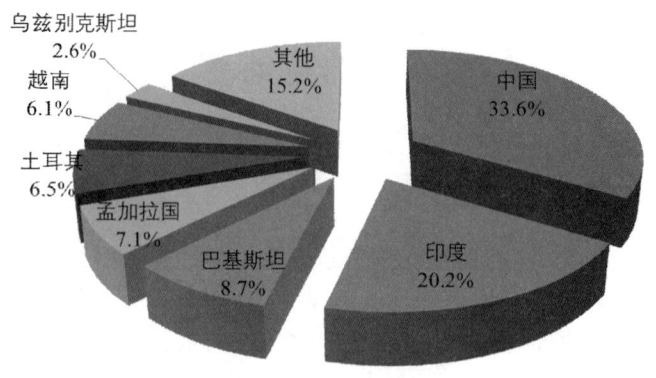

图 4-9 2020/2021 年度主要国家棉花消费量与全球棉花消费量占比
（数据来源：美国农业部）

4.4.2 中国棉花的消费情况

中国不仅是棉花生产大国，同时也是棉花消费大国。根据美国农业部统计数据，中国棉花消费量出现较大波动，具体如图 4-10 所示。从图中可以看出，从 2000 年开始一直到 2007 年，我国棉花消费量呈持续增长势态，从 494.78 万吨上升到 1055.96 万吨，平均增长率达 11.45%。但从 2004 年开始到 2008 年，棉花消费增长率开始逐渐下降，2008 年为 −11.86%，2008 年受全球经济衰退的影响，棉花消费量出现了下滑，与 2007 年相比，减少了约 125 万吨。2009 年，我国棉花消费量急速上升到 1088.62 万吨，达到历年的最高纪录，2010—2013 年棉花消费量呈负增长势态，年增长率分别为 −8%、−17.39%、−5.26% 和 −4.17%。此后几年，棉花消费量及增长率都较为平缓。2020 年棉花消费量上升为 870.9 万吨，年增长率达 21.21%。

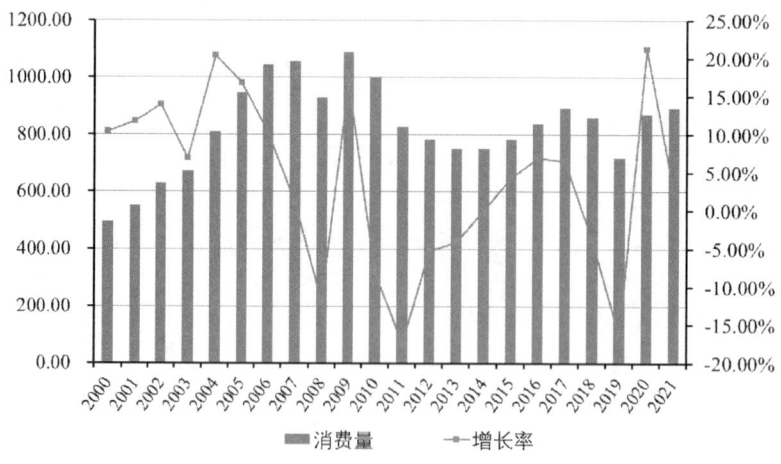

图 4-10 中国棉花消费量和棉花消费增长率变化
（数据来源：美国农业部）

长期以来，中国一直是世界上最大的棉花消费国，并且在加入 WTO 以后，有了飞跃性的发展。在此期间,中国的棉花消费量占世界棉花的消费总量比重一直在25%以上,远高于美国、印度、巴基斯坦和巴西等棉花生产大国。中国的棉花消费需求主要由纺织工业用棉、军需民用絮棉及其损耗与其他用棉三部分组成,其中纺织工业用棉是中国主要的棉花消费需求。20世纪90年代,棉花的消费基本趋于稳定,一般在400万吨徘徊,加入WTO以后,中国的纺织服装工业迅速发展,纺织用棉量大幅度增加,进一步刺激了中国棉花消费需求。

4.4.3 影响棉花消费的主要因素

一般来讲,当棉花价格上升以及棉花贸易低迷的时期,棉花的消费也将保持在较低的水平,而当全球经济处于上升期时,也会刺激棉花消费量的增加。2008年以来,全球经济增长乏力,不确定性因素增加,同时由于棉花价格大起大落,再加上印度等棉花出口大国对棉花出口进行限制,全球棉花的消费虽然在复苏,但速度缓慢。根据OECD-FAO的预测,棉花消费的未来增长速度将略低于近年的1.9%的平均增长速度。美国农业部预测认为,虽然全球棉花消费增长缓慢增加,但增长比较有限。美国农业部预测棉花消费的主要参考指标包括全球经济增长前景、棉花价格、纺织品服装的含棉量等,这些都是影响棉花消费的主要因素。

4.5 小 结

本章主要由安徽财经大学李浩老师主笔撰写,周万怀、张雪东、负责协助数据收集和分析,刘从九和徐守东老师负责审查。文中所采用的数据均来自世界粮农组织(Food and Agriculture Organization of the United Nations,FAO),中华人民共和国国家统计局(National Bureau of Statistics of the People's Repulic of China,NBSPRC),中华人民共和国农业农村部(Ministry of Agriculture and Rural Affairs of the People's Republic of China,MARAPRC)以及美国农业部(United States Department of Agriculture,USDA)等官方权威数据。由于棉花年度的特殊性,截至撰写时部分数据仅更新到2019年,特此说明。这里对本章中的数据来源单位,对内容起到帮助的引文作者及相关单位表示衷心的谢意!

第 5 章 产业研究动态

5.1 科研项目

5.1.1 总体情况简介

基于国家自然基金委网站和 LetPub 科学基金查询系统,以"棉花"为关键词检索了 2019—2020 年度国家级涉棉科学研究项目立项资助情况,如表 5-1 所示。2019 年共立项 44 项,资助金额共 2465 万元,其中重点项目 1 项(资助金额 289 万元)、优秀青年基金项目 1 项(资助金额 130 万元)、面上项目 10 项(资助金额 586 万元)、青年科学基金项目 19 项(资助金额 455.5 万元)、联合基金项目 2 项(资助金额 347 万元)、国际(地区)合作与交流项目 1 项(资助金额 264 万元)、地区科学基金项目 10 项(资助金额 393.5 万元);2020 年共立项 40 项,资助金额共 1815 万元,其中重点项目 1 项(资助金额 265 万元)、面上项目 15 项(资助金额 871 万元)、青年科学基金项目 16 项(资助金额 394 万元)、地区科学基金项目 8 项(资助金额 285 万元)。综合来看,2020 年相较于 2019 年立项数量和资助金额分别下降 9.1% 和 26.37%。

表 5-1 2019—2020 年度国家级涉棉科研项目概况

序号	基金名称	单位	金额(万元)	项目类型	批准年份
1	木尔坦棉花曲叶病毒致病机制研究	清华大学	264	国际(地区)合作与交流项目	2019
2	黄萎病胁迫下棉花产量损失的遥感监测及其应用	新疆农垦科学院	39	地区科学基金项目	2019
3	GoPGF 调控棉花腺体形成及新型低酚棉材料创制	浙江大学	58	面上项目	2019
4	棉花 GaADC2 在纤维起始中的功能研究	中国农业科学院棉花研究所	24	青年科学基金项目	2019
5	棉花基因组学与纤维品质改良	华中农业大学	130	优秀青年基金项目	2019
6	棉花化控栽培分子机制及轻简作物构建研究	中国农业大学	289	重点项目	2019

续　表

序号	基金名称	单位	金额（万元）	项目类型	批准年份
7	棉花对旱涝交替胁迫的适应性规律及产量模拟	中山大学	24.5	青年科学基金项目	2019
8	通过棉花胚珠单细胞转录组测序解析纤维起始调控网络	华中农业大学	24	青年科学基金项目	2019
9	南疆盐渍区无膜栽培棉花水分运移与生长模拟研究	塔里木大学	40.5	地区科学基金项目	2019
10	GhMYC2-like调控棉花色素腺体发育的分子机理研究	中国农业科学院棉花研究所	24	青年科学基金项目	2019
11	脱落酸（ABA）通过WD40调控棉花纤维伸长的机制研究	海南大学	40	地区科学基金项目	2019
12	BR相关bHLH转录因子GhBIS1调控棉花纤维发育机制的研究	中国农业科学院棉花研究所	58	面上项目	2019
13	棉花GhMKK6平衡植株免疫反应和生长发育的分子机制	山东农业大学	58	面上项目	2019
14	花铃期干旱影响棉花花粉育性的生理生化机制与调控	南京农业大学	24	青年科学基金项目	2019
15	利用CRISPR/APOBEC1单碱基编辑系统创制多价除草剂抗性棉花	华中农业大学	58	面上项目	2019
16	根区盐分差异分布促进棉花低盐侧根系硝态氮吸收的机理	山东省农业科学院	58	面上项目	2019
17	转录因子GhZFP8在棉花纤维发育中的功能及分子机制研究	新疆农垦科学院	36	地区科学基金项目	2019
18	MAPK支架蛋白GhMORG1调控棉花对枯萎病抗性的分子机制	山东农业大学	25	青年科学基金项目	2019
19	复杂运动场景下棉花病害多模态视觉检测及严重程度评估研究	中国农业科学院农业信息研究所	58	面上项目	2019
20	棉花纤维品质主效QTL（qFS07.1）候选基因GhFLA2的功能鉴定	西南大学	25	青年科学基金项目	2019
21	棉花凝集素受体激酶类基因GhLRK1介导抗黄萎病的分子机制	山东省农业科学院	25	青年科学基金项目	2019
22	基于遥感与作物模型同化的区域棉花产量对灌溉量的响应机制研究	华南师范大学	27	青年科学基金项目	2019
23	棉花耐盐种质资源评价、优异基因发掘及新疆品种耐逆性的遗传改良	南京农业大学	257	联合基金项目	2019

续 表

序号	基金名称	单位	金额（万元）	项目类型	批准年份
24	基于植保无人机喷施棉花脱叶剂的农药雾滴沉积特性与高效利用	石河子大学	39	地区科学基金项目	2019
25	基于太阳诱导叶绿素荧光的棉花黄萎病遥感早期诊断与病情分级方法研究	中国科学院遥感与数字地球研究所	61	面上项目	2019
26	GhKCS13介导采摘期低温致棉花脱叶的分子机制研究	湖北省农业科学院	24	青年科学基金项目	2019
27	棉花/芥菜套作调控土壤微生物抑制黄萎病的机制及抑病菌筛选	中国农业科学院棉花研究所	24	青年科学基金项目	2019
28	枯草芽孢杆菌提升旱区膜下滴灌棉花耐盐性及其促生机制研究	西安理工大学	61	面上项目	2019
29	水分亏缺下棉花PSII对波动光的响应及其调节水分高效利用的机制	石河子大学	90	联合基金项目	2019
30	木尔坦棉花曲叶病毒βC1蛋白激活植物细胞自噬的机制研究	清华大学	25	青年科学基金项目	2019
31	赤霉素介导转录因子GhWRKY40调控GhIAR3a影响棉花根系发育的研究	中国农业大学	23	青年科学基金项目	2019
32	基于化学成像和深度学习的黄萎病胁迫下棉花高通量表型检测方法研究	石河子大学	41	地区科学基金项目	2019
33	温度敏感性lncRNA基因CAN1在棉花低温胁迫中的分子功能解析	南京农业大学	58	面上项目	2019
34	细胞壁相关的类受体激酶（GhWAKL3）调控棉花衣分性状的分子机制	中国农业科学院棉花研究所	22	青年科学基金项目	2019
35	棉花花药发育过程中亚油酸与α-亚麻酸的代谢及调控机制研究	石河子大学	40	地区科学基金项目	2019
36	Gh4CL1基因在棉花应答黄萎病菌侵染中的功能及作用机制研究	石河子大学	40	地区科学基金项目	2019
37	棉花根系分布对微咸水膜下滴灌田间水盐运移影响机制及定量刻画	中国地质大学（武汉）	25	青年科学基金项目	2019
38	糖基转移酶基因GhUGT73C3调控棉花叶片衰老的机制研究	山东省农业科学院	24	青年科学基金项目	2019
39	线粒体小分子热激蛋白HSP24.7介导的棉花苗期耐旱分子机制解析	浙江大学	22	青年科学基金项目	2019

续表

序号	基金名称	单位	金额（万元）	项目类型	批准年份
40	盐碱地花生/棉花"等幅间作交替轮作"种植模式缓解连作障碍的土壤微生态机制	青岛农业大学	24	青年科学基金项目	2019
41	棉花根系－AM真菌－解磷细菌三位一体增强土壤磷利用效率的机制	新疆农业大学	38	地区科学基金项目	2019
42	GhBOP1翻译后修饰精细调控棉花生长发育和抗病性之间相互转换	中国科学院微生物研究所	58	面上项目	2019
43	棉花肌醇磷酸合酶催化的肌醇及其衍生物合成参与纤维伸长发育的作用机制研究	石河子大学	40	地区科学基金项目	2019
44	棉花非编码RNA基因DAN1在基因组杂交和多倍化中的进化与耐旱分子机制研究	浙江大学	20	青年科学基金项目	2019
45	基于图谱融合的棉花氮素亏缺早期诊断机理研究	石河子大学	35	地区科学基金项目	2020
46	GhSAPA07调控棉花子指的分子机制研究	西南大学	24	青年科学基金项目	2020
47	GhTAC1基因调控棉花果枝夹角的机制研究	新疆农业科学院	35	地区科学基金项目	2020
48	GhHRK基因增强棉花花粉高温耐性的调控网络解析	华中农业大学	58	面上项目	2020
49	基于CWSI的棉花精准灌溉及水分利用机制研究	中国农业科学院棉花研究所	24	青年科学基金项目	2020
50	棉花抗黄萎病漆酶基因GhLac15的分子机制研究	河北农业大学	58	面上项目	2020
51	GhCIPK23调控棉花响应缺钾胁迫的作用机制研究	河南大学	58	面上项目	2020
52	棉花GhDMT9响应干旱胁迫的DNA甲基化调控机制研究	中国农业科学院棉花研究所	24	青年科学基金项目	2020
53	DPC浸种诱导ABA调控棉花种子抗氧化能力的耐盐机制	中国农业科学院棉花研究所	24	青年科学基金项目	2020
54	构建棉花泛基因组图谱剖析纤维驯化和改良的遗传基础	华中农业大学	24	青年科学基金项目	2020
55	GhPYL8在棉花抗旱中的功能及其抗旱分子机理研究	湖北师范大学	24	青年科学基金项目	2020

续表

序号	基金名称	单位	金额（万元）	项目类型	批准年份
56	着丝粒可塑性在棉花远缘杂交中的作用机制研究	福建农林大学	58	面上项目	2020
57	棉花生产机械的多源信息融合导航与复合路径跟踪控制	华南农业大学	58	面上项目	2020
58	应用动态气孔模型解析干旱条件下的棉花碳水利用机制	浙江大学	58	面上项目	2020
59	GhSK66 与 GhGRS1 互作调控棉花侧枝发育机制的研究	中国农业科学院棉花研究所	24	青年科学基金项目	2020
60	棉花叶片向日性运动适应水分亏缺的生理机制研究	石河子大学	58	面上项目	2020
61	GhDREB1 与 GhNAC029 协同调控棉花低温响应的机制研究	中国农业科学院棉花研究所	58	面上项目	2020
62	丝裂原活化蛋白激酶 MPK3/6 调控棉花纤维发育的分子机制研究	安徽农业大学	24	青年科学基金项目	2020
63	棉花体胚发生蛋白动态表达特征与相关应答因子的调控机理解析	山东农业大学	24	青年科学基金项目	2020
64	组蛋白去甲基化酶 GhJMJ12 调控棉花纤维伸长的分子机制	河南农业大学	24	青年科学基金项目	2020
65	BeYDV 病毒介导的 CRISPR/Cas9 定点插入体系在棉花中的建立及鉴定	新疆农业科学院	35	地区科学基金项目	2020
66	多倍体进化过程中棉花幼苗下胚轴向光弯曲的调控机制解析	河南大学	58	面上项目	2020
67	Rf1 调控棉花细胞质雄性不育育性恢复的分子机制解析	中国农业科学院生物技术研究所	58	面上项目	2020
68	膜下滴灌盐胁迫农田水氮耦合作用下的棉花生长模型研究	西安理工大学	24	青年科学基金项目	2020
69	棉花质核同源与质核异源雄性不育系的质核互作效应	广西大学	35	地区科学基金项目	2020
70	GhZFP8 和 GhBLH1 调控赤霉素介导的棉花纤维发育的分子机制研究	陕西师范大学	58	面上项目	2020
71	硒代碳量子点调控 K+ 外排通道蛋白提高棉花耐盐的机理研究	华中农业大学	58	面上项目	2020
72	组蛋白去乙酰化酶 GhHDA6 调控棉花开花期的分子机制	中国农业科学院棉花研究所	59	面上项目	2020

续表

序号	基金名称	单位	金额（万元）	项目类型	批准年份
73	南疆棉花黄萎病与缺氮高光谱区分机理与无人机遥感监测研究	塔里木大学	34	青年科学基金项目	2020
74	棉花 lncRNA 在 BR 介导的纤维伸长调控中的模块化鉴定和功能初步探索	扬州大学	24	青年科学基金项目	2020
75	脱叶催熟技术影响棉花光合产物转运及铃重-品质协同提高的生理机制	石河子大学	35	地区科学基金项目	2020
76	粤北棉花坑铀矿床成矿流体性质与演化：来自沥青铀矿微区原位分析证据	东华理工大学	24	青年科学基金项目	2020
77	棉花黄萎病菌 GH6 纤维素酶致病及诱导植物免疫反应的分子机制研究	石河子大学	35	地区科学基金项目	2020
78	面向棉花膜下滴灌水肥均匀性的施肥挤压驱动机构优化与水肥脉动性控制研究	石河子大学	35	地区科学基金项目	2020
79	在棉花纤维中操作类胡萝卜素途径创建新型彩色棉材料及相关机制研究	西南大学	265	重点项目	2020
80	棉花纤维长度主效 QTL（qFLA02）候选基因 GhLTPG5 的功能鉴定与调控机理解析	青岛农业大学	24	青年科学基金项目	2020
81	棉花陆海渐渗系纤维强度形成的遗传网络解析与重要位点候选基因的功能验证	中国农业科学院棉花研究所	58	面上项目	2020
82	基于氢氧同位素的降水对盐碱地棉花用水策略及土壤水盐运移的影响	中国科学院地理科学与资源研究所	24	青年科学基金项目	2020
83	棉花负载有机-无机超分子复合可见光催化剂及其在有机合成中的应用研究	南昌大学	40	地区科学基金项目	2020
84	麦秸还田化感物质 pHBA 影响硝态氮/激素信号互作抑制棉花根系生长的生理与分子机制	江苏省农业科学院	58	面上项目	2020

5.1.2 主要涉棉科研机构概况

基于表 5-1 统计了 2019—2020 年度全国涉棉科研单位所获得的国家级科学研究项目情况，结果见表 5-2。可以看出，从立项数量方面来说，中国农业科学院棉花研究所和石河子大学位于涉棉科学研究的第一梯队，华中农业大学、浙江大学、西南大学、山东省农业科学院、山东农业大学和南京农业大学位于第二梯队，其他单位在棉花领域的研究具有一定的偶然性；从获得资助的经费规模来看，超过 400 万的单位有石河子大学和中国农业科学院棉花研究所，300 万～400 万之间的单位有华中农业大学、西南大学、南京农业大学和中国农业大学，200 万～

300万元之间的单位仅有清华大学,其他均在200万元以下。从以上分析结果可以看出,涉棉科研主体以农业类高校和农科院下属科研院所为主,部分综合类高校依托优势学科也有所介入。

表 5-2 2019—2020 年度国家级涉棉项目立项单位概况

序号	单位	所属省份	经费额度(万元)	数量(项)
1	中国农业科学院棉花研究所	河南	423.0	12
2	石河子大学	新疆	488.0	11
3	华中农业大学	湖北	352.0	6
4	浙江大学	浙江	158.0	4
5	西南大学	重庆市	314.0	3
6	山东省农业科学院	山东	107.0	3
7	山东农业大学	山东	107.0	3
8	南京农业大学	江苏	339.0	3
9	青岛农业大学	山东	48.0	2
10	西安理工大学	陕西	85.0	2
11	清华大学	北京	289.0	2
12	河南大学	河南	116.0	2
13	新疆农垦科学院	新疆	75.0	2
14	新疆农业科学院	新疆	70.0	2
15	塔里木大学	新疆	74.5	2
16	中国农业大学	北京	312.0	2
17	陕西师范大学	陕西	58.0	1
18	福建农林大学	福建	58.0	1
19	湖北省农业科学院	湖北	24.0	1
20	湖北师范大学	湖北	24.0	1
21	海南大学	海南	40.0	1
22	河南农业大学	河南	24.0	1
23	河北农业大学	河北	58.0	1
24	江苏省农业科学院	江苏	58.0	1
25	新疆农业大学	新疆	38.0	1
26	扬州大学	江苏	24.0	1
27	广西大学	广西	35.0	1
28	安徽农业大学	安徽	24.0	1
29	南昌大学	江西	40.0	1
30	华南师范大学	广东	27.0	1
31	华南农业大学	广东	58.0	1
32	中山大学	广东	24.5	1
33	中国科学院遥感与数字地球研究所	北京	61.0	1
34	中国科学院微生物研究所	北京	58.0	1

续 表

序号	单位	所属省份	经费额度(万元)	数量(项)
35	中国科学院地理科学与资源研究所	北京	24.0	1
36	中国地质大学(武汉)	湖北	25.0	1
37	中国农业科学院生物技术研究所	北京	58.0	1
38	中国农业科学院农业信息研究所	北京	58.0	1
39	东华理工大学	江西	24.0	1

图 5-1 以词云的方式展示了涉棉科研单位在国家级科研项目中的比重。结合 5.1.1 节和 5.1.2 节中的已有分析可以看出，从获得国家级项目资助的数量和资助额度来看，石河子大学和中国农业科学院棉花研究所是我国涉棉科学研究的排头兵。

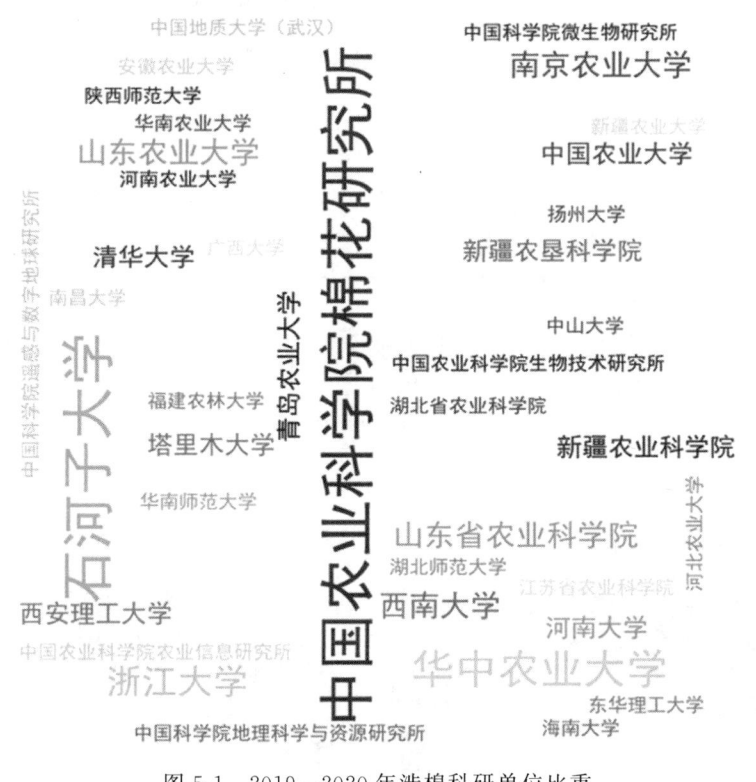

图 5-1　2019—2020 年涉棉科研单位比重

基于表 5-2 进一步分析涉棉科研项目的地域分布情况，结果见表 5-3。可以看出，全国累计 16 个省市或自治区获得国家级涉棉科研项目资助。从立项数量方面来说，新疆以 18 项居首位，河南以 15 项位居第二位，传统产棉大省湖北和山东分别以 9 项和 8 项位居第 3 和第 5 位，北京以 9 项与湖北并列第 3 位；从资助经费额度来看，北京以 860 万位居首位，新疆以 745.5 万元位居第二，河南以 563 万元位居第三，湖北和江苏获得经费资助额度超过 400 万元，重庆市获得资助额度超过 300 万元，山东获得资助额度超过 200 万元，浙江、陕西和广东获得资助额度超 100 万元，其他省份获得的资助额度均在 100 万元以下。

表 5-3 2019—2020 年度国家级涉棉项目省域分布概况

序号	所属省份	经费额度(万元)	数量(项)
1	北京	860.0	9
2	新疆	745.5	18
3	河南	563.0	15
4	湖北	425.0	9
5	江苏	421.0	5
6	重庆市	314.0	3
7	山东	262.0	8
8	浙江	158.0	4
9	陕西	143.0	3
10	广东	109.5	3
11	江西	64.0	2
12	福建	58.0	1
13	河北	58.0	1
14	海南	40.0	1
15	广西	35.0	1
16	安徽	24.0	1

从以上分析可以看出,涉棉科学研究具有明显的区位特征和产业关联度,即相关科学研究以棉花主产区的相关高校和研究机构为主体,如图 5-2 所示(尽管北京并非棉花主产区,但因中国农业科学院以及中国农业大学均位于北京,因此其获得的研究项目数量和资助规模均较高)。

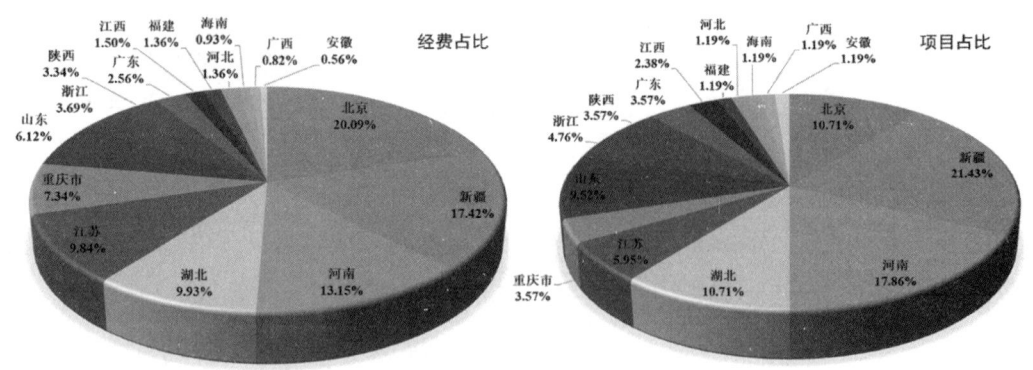

图 5-2 2019—2020 年度涉棉科研单位项目数量及经费额度占比

5.1.3 主要研究内容概况

棉花产业链长、涉及面广,可以根据先后顺序依次将完整棉花产业链划分为育种、栽培、植保(田间管理阶段)、收获、初加工、检测、仓储、物流以及深加工 9 个阶段,其中深加工与纺织、制造和棉副产业关系更加紧密,本文不做讨论。将表 5-1 中所列项目依次归类到上述前 9 个阶段,结果如表 5-4 所示。可以看出,2019 年立项的 44 个项目中,24 个项目的研究内容属于棉花育种阶段、累计科研投入为 1223 万元,20 个项目的研究内容属于植保阶段、累计科研投入为 1242 万元,而位于产业链中、后期的收获、初加工、仓储和物流阶段无任何对应科研项目立项;2020 年立项的 40 个项目中,27 个项目的研究内容属于育种阶段、累计科研投入为 1297 万元、较 2019 年上涨 6.05%,12 个项目的研究内容属于植保阶段、累计科研投入为 460 万元、较 2019 年下降 62.96%,1 个项目的研究内容可勉强归类到收获阶段、累计科研投入为 58 万元,而初加工、仓储和物流阶段仍无任何对应科研项目立项。

表 5-4　2019—2020 年棉花产业链不同阶段科研概况

序号	基金名称	阶段	金额(万元)	批准年份
1	脱落酸(ABA)通过 WD40 调控棉花纤维伸长的机制研究	育种	40.0	2019
2	GhKCS13 介导采摘期低温致棉花脱叶的分子机制研究	育种	24.0	2019
3	棉花基因组学与纤维品质改良	育种	130.0	2019
4	通过棉花胚珠单细胞转录组测序解析纤维起始调控网络	育种	24.0	2019
5	利用 CRISPR/APOBEC1 单碱基编辑系统创制多价除草剂抗性棉花	育种	58.0	2019
6	棉花耐盐种质资源评价、优异基因发掘及新疆品种耐逆性的遗传改良	育种	257.0	2019
7	温度敏感性 lncRNA 基因 CAN1 在棉花低温胁迫中的分子功能解析	育种	58.0	2019
8	棉花 GhMKK6 平衡植株免疫反应和生长发育的分子机制	育种	58.0	2019
9	MAPK 支架蛋白 GhMORG1 调控棉花对枯萎病抗性的分子机制	育种	25.0	2019
10	棉花凝集素受体激酶类基因 GhLRK1 介导抗黄萎病的分子机制	育种	25.0	2019
11	糖基转移酶基因 GhUGT73C3 调控棉花叶片衰老的机制研究	育种	24.0	2019
12	水分亏缺下棉花 PSII 对波动光的响应及其调节水分高效利用的机制	育种	90.0	2019
13	Gh4CL1 基因在棉花应答黄萎病菌侵染中的功能及作用机制研究	育种	40.0	2019
14	棉花纤维品质主效 QTL(qFS07.1)候选基因 GhFLA2 的功能鉴定	育种	25.0	2019

续 表

序号	基金名称	阶段	金额(万元)	批准年份
15	转录因子 GhZFP8 在棉花纤维发育中的功能及分子机制研究	育种	36.0	2019
16	GoPGF 调控棉花腺体形成及新型低酚棉材料创制	育种	58.0	2019
17	线粒体小分子热激蛋白 HSP24.7 介导的棉花苗期耐旱分子机制解析	育种	22.0	2019
18	棉花非编码 RNA 基因 DAN1 在基因组杂交和多倍化中的进化与耐旱分子机制研究	育种	20.0	2019
19	GhBOP1 翻译后修饰精细调控棉花生长发育和抗病性之间相互转换	育种	58.0	2019
20	赤霉素介导转录因子 GhWRKY40 调控 GhIAR3a 影响棉花根系发育的研究	育种	23.0	2019
21	棉花 GaADC2 在纤维起始中的功能研究	育种	24.0	2019
22	GhMYC2－like 调控棉花色素腺体发育的分子机理研究	育种	24.0	2019
23	BR 相关 bHLH 转录因子 GhBIS1 调控棉花纤维发育机制的研究	育种	58.0	2019
24	细胞壁相关的类受体激酶(GhWAKL3)调控棉花衣分性状的分子机制	育种	22.0	2019
25	基于遥感与作物模型同化的区域棉花产量对灌溉量的响应机制研究	植保	27.0	2019
26	花铃期干旱影响棉花花粉育性的生理生化机制与调控	植保	24.0	2019
27	盐碱地花生/棉花"等幅间作交替轮作"种植模式缓解连作障碍的土壤微生态机制	植保	24.0	2019
28	木尔坦棉花曲叶病毒致病机制研究	植保	264.0	2019
29	木尔坦棉花曲叶病毒 βC1 蛋白激活植物细胞自噬的机制研究	植保	25.0	2019
30	根区盐分差异分布促进棉花低盐侧根系硝态氮吸收的机理	植保	58.0	2019
31	基于植保无人机喷施棉花脱叶剂的农药雾滴沉积特性与高效利用	植保	39.0	2019
32	基于化学成像和深度学习的黄萎病胁迫下棉花高通量表型检测方法研究	植保	41.0	2019
33	棉花花药发育过程中亚油酸与 α－亚麻酸的代谢及调控机制研究	植保	40.0	2019

续表

序号	基金名称	阶段	金额(万元)	批准年份
34	棉花肌醇磷酸合酶催化的肌醇及其衍生物合成参与纤维伸长发育的作用机制研究	植保	40.0	2019
35	南疆盐渍区无膜栽培棉花水分运移与生长模拟研究	植保	40.5	2019
36	枯草芽孢杆菌提升旱区膜下滴灌棉花耐盐性及其促生机制研究	植保	61.0	2019
37	黄萎病胁迫下棉花产量损失的遥感监测及其应用	植保	39.0	2019
38	棉花根系－AM真菌－解磷细菌三位一体增强土壤磷利用效率的机制	植保	38.0	2019
39	棉花根系分布对微咸水膜下滴灌田间水盐运移影响机制及定量刻画	植保	25.0	2019
40	基于太阳诱导叶绿素荧光的棉花黄萎病遥感早期诊断与病情分级方法研究	植保	61.0	2019
41	棉花化控栽培分子机制及轻简作物构建研究	植保	289.0	2019
42	棉花/芥菜套作调控土壤微生物抑制黄萎病的机制及抑病菌筛选	植保	24.0	2019
43	复杂运动场景下棉花病害多模态视觉检测及严重程度评估研究	植保	58.0	2019
44	棉花对旱涝交替胁迫的适应性规律及产量模拟	植保	24.5	2019
45	丝裂原活化蛋白激酶MPK3/6调控棉花纤维发育的分子机制研究	育种	24.0	2020
46	着丝粒可塑性在棉花远缘杂交中的作用机制研究	育种	58.0	2020
47	棉花质核同源与质核异源雄性不育系的质核互作效应	育种	35.0	2020
48	棉花抗黄萎病漆酶基因GhLac15的分子机制研究	育种	58.0	2020
49	GhCIPK23调控棉花响应缺钾胁迫的作用机制研究	育种	58.0	2020
50	多倍体进化过程中棉花幼苗下胚轴向光弯曲的调控机制解析	育种	58.0	2020
51	组蛋白去甲基化酶GhJMJ12调控棉花纤维伸长的分子机制	育种	24.0	2020
52	GhPYL8在棉花抗旱中的功能及其抗旱分子机理研究	育种	24.0	2020
53	GhHRK基因增强棉花花粉高温耐性的调控网络解析	育种	58.0	2020

续 表

序号	基金名称	阶段	金额(万元)	批准年份
54	构建棉花泛基因组图谱剖析纤维驯化和改良的遗传基础	育种	24.0	2020
55	硒代碳量子点调控K+外排通道蛋白提高棉花耐盐的机理研究	育种	58.0	2020
56	棉花纤维长度主效 QTL（qFLA02）候选基因GhLTPG5 的功能鉴定与调控机理解析	育种	24.0	2020
57	棉花体胚发生蛋白动态表达特征与相关应答因子的调控机理解析	育种	24.0	2020
58	GhZFP8 和 GhBLH1 调控赤霉素介导的棉花纤维发育的分子机制研究	育种	58.0	2020
59	GhSAPA07 调控棉花子指的分子机制研究	育种	24.0	2020
60	在棉花纤维中操作类胡萝卜素途径创建新型彩色棉材料及相关机制研究	育种	265.0	2020
61	GhTAC1 基因调控棉花果枝夹角的机制研究	育种	35.0	2020
62	BeYDV 病毒介导的 CRISPR/Cas9 定点插入体系在棉花中的建立及鉴定	育种	35.0	2020
63	棉花 lncRNA 在 BR 介导的纤维伸长调控中的模块化鉴定和功能初步探索	育种	24.0	2020
64	基于 CWSI 的棉花精准灌溉及水分利用机制研究	育种	24.0	2020
65	棉花 GhDMT9 响应干旱胁迫的 DNA 甲基化调控机制研究	育种	24.0	2020
66	DPC 浸种诱导 ABA 调控棉花种子抗氧化能力的耐盐机制	育种	24.0	2020
67	GhSK66 与 GhGRS1 互作调控棉花侧枝发育机制的研究	育种	24.0	2020
68	GhDREB1 与 GhNAC029 协同调控棉花低温响应的机制研究	育种	58.0	2020
69	组蛋白去乙酰化酶 GhHDA6 调控棉花开花期的分子机制	育种	59.0	2020
70	棉花陆海渐渗系纤维强度形成的遗传网络解析与重要位点候选基因的功能验证	育种	58.0	2020
71	Rf1 调控棉花细胞质雄性不育育性恢复的分子机制解析	育种	58.0	2020
72	粤北棉花坑铀矿床成矿流体性质与演化：来自沥青铀矿微区原位分析证据	植保	24.0	2020

续 表

序号	基金名称	阶段	金额(万元)	批准年份
73	麦秸还田化感物质pHBA影响硝态氮/激素信号互作抑制棉花根系生长的生理与分子机制	植保	58.0	2020
74	棉花负载有机－无机超分子复合可见光催化剂及其在有机合成中的应用研究	植保	40.0	2020
75	基于图谱融合的棉花氮素亏缺早期诊断机理研究	植保	35.0	2020
76	棉花叶片向日性运动适应水分亏缺的生理机制研究	植保	58.0	2020
77	脱叶催熟技术影响棉花光合产物转运及铃重－品质协同提高的生理机制	植保	35.0	2020
78	棉花黄萎病菌GH6纤维素酶致病及诱导植物免疫反应的分子机制研究	植保	35.0	2020
79	面向棉花膜下滴灌水肥均匀性的施肥挤压驱动机构优化与水肥脉动性控制研究	植保	35.0	2020
80	南疆棉花黄萎病与缺氮高光谱区分机理与无人机遥感监测研究	植保	34.0	2020
81	膜下滴灌盐胁迫农田水氮耦合作用下的棉花生长模型研究	植保	24.0	2020
82	应用动态气孔模型解析干旱条件下的棉花碳水利用机制	植保	58.0	2020
83	基于氢氧同位素的降水对盐碱地棉花用水策略及土壤水盐运移的影响	植保	24.0	2020
84	棉花生产机械的多源信息融合导航与复合路径跟踪控制	种植	58.0	2020

以上分析结果表明在涉棉科学研究方面,在育种和植保环节投入的资源较多,而在收获、加工、仓储和物流阶段的投入严重不足,图5-3更加直观地体现了不同阶段科研投入的差距,这也往往导致田间生产出了好的产品,但在初加工之后的阶段品质未能得到很好的保持,甚至是遭到破坏的现象屡见不鲜。

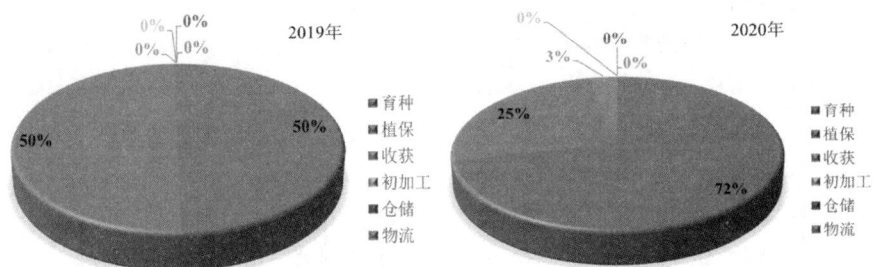

图 5-3 2019—2020 年度涉棉科研项目阶段占比

5.2 论文发表

5.2.1 总体情况简介

本节从公开发表的学术论文角度分析近两年涉棉科研动态。使用中国知网文献检索平台检索2020—2021年度与"棉花"相关并且具有省部级以上基金项目支持的学术论文,累计检索到相关论文898篇(博士论文10篇,硕士论文58篇,会议论文12篇,期刊论文818篇),其中2020年全年发表涉棉学术论文590篇、2021年前7.5个月发表涉棉科研论文306篇,相比2020年同期下降17.02%。表5-5中详细列举了棉花领域权威期刊刊载的论文情况。

表5-5 2020—2021年度涉棉论文发表概况

序号	论文名称	期刊	年份
1	应用光学成像技术检测棉花中异性纤维的研究进展	纺织学报	2020
2	盐分胁迫对棉花幼苗叶片叶绿素荧光参数的影响	灌溉排水学报	2021
3	水盐胁迫对早熟棉花品种"中棉619"幼苗生长的影响	灌溉排水学报	2021
4	水盐胁迫下棉花叶片光合的气孔与非气孔限制	灌溉排水学报	2020
5	南疆无膜滴灌棉花灌溉制度对土壤水分和产量品质的影响	灌溉排水学报	2020
6	痕量灌溉对棉花花铃期光合性能日变化及产量的影响	灌溉排水学报	2020
7	不同水分条件下棉花冠层含氮量高光谱监测研究	灌溉排水学报	2020
8	水氮施量对膜下滴灌棉花生长及水氮分布的影响	灌溉排水学报	2020
9	基于农业旱涝指标的湖北省棉花生育期内旱涝急转特征分析	灌溉排水学报	2021
10	基于比值导数法的棉花蚜害无人机成像光谱监测模型研究	光谱学与光谱分析	2021
11	响应气候变化的棉花生长模拟与县域尺度产量评估	核农学报	2021
12	棉花幼苗AsA—GSH循环对低温胁迫的响应机制研究	核农学报	2020
13	棉花内生解淀粉芽孢杆菌489－2－2对棉花黄萎病的防效研究	核农学报	2020
14	不同颜色地膜覆盖对棉花冠层构型及光合特性的调控效应	核农学报	2020
15	密度与播期互作下棉花冠层PAR时空特征分析	核农学报	2020
16	施氮量对油后直播棉花产量、品质及生物量的影响	核农学报	2020
17	棉花壳基废料的微波炭化制备及其性能	化学工程	2021
18	全球棉花话语权观察及中国棉花话语权的思考	棉花科学	2021
19	基于聚类分析的新疆棉花生产风险区划研究	棉花科学	2021
20	新疆北疆机采棉花铃期栽培管理及适宜气候条件分析	棉花科学	2021
21	三种间作模式对棉花产量和品质及棉田效益的影响比较	棉花科学	2021
22	基于灰色理论和时间序列模型预测棉花产量可行性研究	棉花科学	2021
23	新疆植棉区2019年棉花种业报告	棉花科学	2021

续 表

序号	论文名称	期刊	年份
24	浅析新疆棉花高产种植的十大关键控制技术	棉花科学	2020
25	阿拉尔垦区棉花生产形势与存在问题及发展策略	棉花科学	2020
26	生长调节剂全精控与缩节胺在棉花上的应用效果比较	棉花科学	2020
27	探索建立新疆全产业链增值的棉花产业发展模式	棉花科学	2020
28	阿拉尔垦区棉花根系组织及根际土壤细菌多样性分析	棉花科学	2020
29	基于主成分分析的 25 份棉花杂种 F_1 代筛选结果	棉花科学	2020
30	脱叶剂及用量对不同熟性棉花的脱叶效果和种子发芽率影响	棉花科学	2020
31	棉花纤维品质相关基因挖掘及功能基因研究进展	棉花科学	2020
32	整枝方式对不同株型棉花品种产量及纤维品质的影响	棉花科学	2020
33	江西棉花轻简化高效栽培技术与应用	棉花科学	2020
34	新疆 2019 年棉花产业情况概述及存在问题与策略	棉花科学	2020
35	山东棉花产业链利益分配公平协调度及其优化研究	棉花科学	2021
36	赣中地区棉花荷兰豆套种及轻简栽培技术	棉花科学	2021
37	新疆阿拉尔垦区近十年棉花纤维品质状况与提升措施	棉花科学	2021
38	赣北植棉区棉花不同播期土壤氮素空间分布特征分析	棉花科学	2021
39	江西植棉区棉花与油菜套作绿色轻简栽培技术	棉花科学	2021
40	棉花化学打顶剂在鄂东植棉区的应用效果	棉花科学	2021
41	德州地区棉花常见病虫害诊断与防治方法	棉花科学	2021
42	长江中下游地区棉花涝灾渍害预防及灾后管理技术	棉花科学	2021
43	对 11 份抗逆棉花种质资源的主要性状分析	棉花科学	2021
44	不同种植密度对棉花空间成铃分布的影响	棉花科学	2021
45	近十年来参加江西省棉花区试品种的抗病性分析	棉花科学	2021
46	棉花应用大疆 T16 无人机飞防的操作技术要点	棉花科学	2020
47	棉花新品种 EZ10 的选育过程及特征特性和栽培要点	棉花科学	2020
48	综合评价近两年通过江西省审定的棉花品种	棉花科学	2020
49	山东省棉花绿色发展转型的高质高效创建与技术产业组织机制研究	棉花科学	2020
50	新疆棉花早衰发生因素及预防措施和管理技术	棉花科学	2020
51	新型苯并咪唑类化合物对棉花枯萎病菌的毒力测定	棉花科学	2020
52	棉花高配合力恢复系邯 R251 的选育及应用	棉花科学	2020
53	江西省棉花加工业发展现状及对策建议	棉花科学	2020
54	黄河流域棉区棉花与辣椒间作种植模式的可行性研究	棉花科学	2020
55	2019 年河北省进口棉花质量状况综合分析	棉花科学	2020
56	基于无人机高光谱融合连续投影算法估算棉花地上部生物量	棉花学报	2021

续　表

序号	论文名称	期刊	年份
57	减氮配施生物刺激素对棉花产量及氮肥吸收利用的影响	棉花学报	2021
58	新疆棉花茎腐病的病原鉴定及其生物学特性研究	棉花学报	2021
59	系统调控下棉花比叶重的变化机制	棉花学报	2021
60	脱落酸对棉花体细胞胚胎发生的影响	棉花学报	2021
61	有机肥替代对棉花养分积累、产量及土壤肥力的影响	棉花学报	2021
62	棉花苯丙氨酸解氨酶基因家族的生物信息学分析	棉花学报	2021
63	大丽轮枝菌与陆地棉互作过程中棉花次生代谢产物分析	棉花学报	2020
64	棉花耐低氮和氮敏感种质筛选及验证	棉花学报	2020
65	基于红外热成像的棉花叶片温度分布量化方法研究	棉花学报	2020
66	棉花苗蕾期喷施生长调节剂促早熟效应研究	棉花学报	2020
67	棉花不同部位主茎叶对脱叶剂噻苯隆的响应及机理	棉花学报	2020
68	冠菌素对低温胁迫下棉花幼苗 AsA－GSH 循环的调控效应研究	棉花学报	2020
69	棉花陆海回交自交系群体叶绿素含量性状 QTL 定位	棉花学报	2020
70	不同棉区棉花 DPC 化学封顶技术研究	棉花学报	2020
71	晚播增密对棉花群体光合及干物质积累与分配的影响	棉花学报	2020
72	傅里叶变换红外显微光谱（Micro－FTIR）和 X 射线衍射（XRD）用于测定棉花结晶度效果比较	棉花学报	2020
73	棉蚜取食对苗期棉花游离氨基酸含量的影响	棉花学报	2020
74	乙烯对棉花适应淹水胁迫的作用及其机制	棉花学报	2020
75	外源脯氨酸对缺硼下棉花幼苗生长、生理特性以及脯氨酸代谢的影响	棉花学报	2020
76	基于 DSSAT 模型模拟的气候变化对棉花生产潜力影响研究	棉花学报	2020
77	基于叶片纹理特征的棉花蚜害诊断模型研究	棉花学报	2020
78	棉花花生间作田中花生蚜对吡虫啉代谢抗性机制初步研究	棉花学报	2020
79	根际启动肥能够提高棉花磷效率和产量	棉花学报	2020
80	扁秆荆三棱种群密度对棉花营养物质吸收和积累的影响	棉花学报	2020
81	我国棉花脱叶催熟技术研究进展	棉花学报	2020
82	基于叶绿素荧光参数的滴灌棉花氮素营养估测模型	棉花学报	2020
83	棉花核酸外切酶基因 GhWRN 的克隆及功能验证	棉花学报	2021
84	新疆棉区植保无人机喷施棉花脱叶催熟剂效果研究	棉花学报	2021
85	土壤环境因子对棉花根际与内生拮抗细菌存活数量的影响	棉花学报	2021
86	棉花枯萎病菌新生理型菌株毒素鉴定及其活性测定	棉花学报	2021
87	不同熟性棉花品种冠层温度分布特点	棉花学报	2021

续表

序号	论文名称	期刊	年份
88	不同咸水利用方式对棉花叶绿素荧光参数及土壤盐分的影响	棉花学报	2021
89	棉花种子活力与其植株停留期间气象因子的关系研究	棉花学报	2021
90	黄河流域黑龙港植棉区棉花主要产量决策性状分析	棉花学报	2020
91	UPLC－ESI－MS 分析中棉花次生代谢物标准品推定和加合物形成	棉花学报	2020
92	棉花秸秆剪切打捆收获机的设计与优化分析	农机化研究	2020
93	基于高速摄像的棉花采摘物料运动参数研究	农机化研究	2020
94	气吸滚筒式棉花精密排种器流场数值模拟与试验	农机化研究	2020
95	秸秆粉碎种行旋耕苗带覆盖棉花播种机的设计与试验	农机化研究	2020
96	基于 ADAMS 的棉花钵苗移栽机构优化设计	农机化研究	2020
97	基于离散元法的棉花窝眼式穴播器排种性能模拟与试验	农机化研究	2020
98	麦棉周年秸秆还田对棉花生物量与养分吸收的影响	农学学报	2021
99	南疆无膜滴灌栽培对棉花出苗及生长指标的影响	农学学报	2021
100	广州市大腹异木棉和美丽异木棉花色多样性研究	农学学报	2021
101	山西省县域棉花种植格局与施肥技术分析	农学学报	2021
102	喷雾参数及助剂类型对植保无人飞机在棉花中期喷雾雾滴沉积分布的影响	农药学学报	2020
103	基于棉花秸秆炭的高品质生物质炭化炉设计	农业工程	2020
104	近 40 年气候变化对石河子棉区棉花生长发育的影响	农业工程	2021
105	滴灌技术参数对南疆棉花生长和土壤水盐的影响	农业工程学报	2020
106	基于无人机影像的 SEGT 棉花估产模型构建	农业工程学报	2020
107	基于 HOG 特征和 SVM 的棉花行数动态计数方法	农业工程学报	2020
108	咸水沟灌对土壤水盐变化与棉花生长及产量的影响	农业工程学报	2020
109	"池－田"蓄引水模式改善环渤海棉田水盐运移提高棉花产量	农业工程学报	2020
110	不同施氮水平下棉花叶片最大羧化速率的高光谱估测	农业工程学报	2020
111	棉花秸秆炭微波裂解生产设备研制	农业工程学报	2020
112	基于迁移学习的棉花叶部病虫害图像识别	农业工程学报	2020
113	花铃期受涝棉花的高光谱－光合特征及关系模型	农业工程学报	2020
114	利用无人机可见光遥感影像提取棉花苗情信息	农业工程学报	2020
115	电子鼻技术在棉花早期棉铃虫虫害检测中的应用	农业工程学报	2020
116	基于近红外法的棉花回潮率测量系统研制与试验	农业工程学报	2021
117	采用双向流固耦合方法构建辅助气流作用下棉花叶片变形模型	农业工程学报	2021
118	花龄期棉花虫害的电子鼻检测	农业工程学报	2020

续　表

序号	论文名称	期刊	年份
119	棉花气吸滚筒式穴播器二次投种机构设计与试验	农业机械学报	2021
120	内充气力式棉花高速精量排种器设计与试验	农业机械学报	2021
121	棉花打顶机自动对行装置设计与试验	农业机械学报	2021
122	基于优化 Faster R－CNN 的棉花苗期杂草识别与定位	农业机械学报	2021
123	基于 AquaCrop 模型的南疆无膜滴灌棉花灌溉制度优化	农业机械学报	2021
124	新型可降解液膜覆盖对土壤温度、棉花种子萌发和幼苗生长的影响（英文）	浙江大学学报	2020
125	棉花生长发育模型及其在我国的研究和应用进展	中国农业科学	2021
126	新疆棉花"矮、密、早"栽培历史、现状和展望	中国农业科学	2021
127	不同磷敏感棉花品种临界磷浓度稀释模型与磷营养诊断	中国农业科学	2020
128	化学封顶对棉花株型的调控及评价指标筛选	中国农业科学	2020
129	棉花黄萎病菌 VdHP1 的克隆及功能分析	中国农业科学	2020
130	花铃期棉花黄萎病抗病与感病品种对土壤细菌群落结构的影响	中国农业科学	2020
131	木尔坦棉花曲叶病毒"C4 ORF"编码蛋白对病毒致病性的影响	中国农业科学	2021
132	商品有机肥替代部分化肥对连作棉田土壤养分、棉花生长发育及产量的影响	作物学报	2021
133	滴施缩节胺与氮肥对棉花生长发育及产量的影响	作物学报	2021
134	转 P_(SAG12)－IPT 基因对棉花叶片衰老及产量和纤维品质的影响	作物学报	2021
135	行距与氮肥或甲哌鎓化控对棉花冠层结构、温度和相对湿度的影响	作物学报	2021
136	棉花花器官突变体的鉴定及候选基因的克隆	作物学报	2021
137	棉花叶片响应高温的差异与夜间淀粉降解密切相关	作物学报	2021
138	干旱条件下棉花根际真菌多样性分析	作物学报	2021
139	低硼及高硼胁迫对棉花幼苗生长与脯氨酸代谢的影响	作物学报	2021
140	脯氨酸羟化酶 GhP4H2 在棉花纤维发育中的功能研究	作物学报	2020
141	玉米光敏色素 A1 基因（ZmPHYA1）在棉花中的转化及分子鉴定	作物学报	2020
142	棉花 GhMADS7 基因正调控棉花花瓣发育	作物学报	2020
143	棉花 CRISPR/Cas9 基因编辑有效 sgRNA 高效筛选体系的研究	作物学报	2020
144	棉花 GbSTK 基因调控开花和黄萎病抗性的功能研究	作物学报	2020
145	水分亏缺下化肥减量配施有机肥对棉花光合特性与产量的影响	作物学报	2020

续表

序号	论文名称	期刊	年份
146	棉花脱叶催熟剂对纤维品质的影响及应用时间的确定	作物学报	2020
147	DPC~+化学封顶对不同施氮量下棉花叶片光合生理特性的影响	作物学报	2020
148	基于光谱指数和偏最小二乘的棉花类胡萝卜素/叶绿素 a 比值估算	作物学报	2020
149	棉花 GhPIF4 调控高温下花药败育机制初探	作物学报	2020
150	利用 WGCNA 鉴定棉花抗黄萎病相关基因共表达网络	作物学报	2020
151	滨海盐碱地棉花秸秆还田和深松对棉花干物质积累、养分吸收及产量的影响	作物学报	2021
152	论两熟制棉花绿色化轻简化机械化栽培	作物学报	2021
153	基于 GYT 双标图对西北内陆棉区国审棉花品种的分类评价	作物学报	2020
...	...	...	...

数据来源于中国知网[①]

5.2.2 主要研究机构概况

在 5.2.1 节的基础上进一步统计了涉棉科研单位概况,详情如表 5-6(表中仅列出发表论文在 5 篇以上的单位信息)所示。可以看出石河子大学在涉棉学术论文发表方面位居全国第一,此外塔里木大学、新疆农业大学、新疆农业科学院核技术生物技术研究所发表的涉棉学术论文数量也均位列前 5,分布在新疆地区的高校和研究机构累计发文量总体占比为 46.44%,达到将近一半的规模。由此可见,新疆作为我国棉花最重要的产业基地,聚集了大量的涉棉科研人才,为新疆乃至全国的棉花产业提供科技支撑。位于河南安阳的中国农业科学院棉花研究所是唯一的国家级棉花专业综合科研机构,其在棉花新品种培育、棉花栽培和棉花田间植保等方面为国内棉花产业发展做出了杰出贡献。图 5-4 通过词云的形式更加直观地展示了论文归属单位的分布情况。

表 5-6 2020—2021 年度涉棉论文单位概况

序号	单位	数量	占比
1	石河子大学	123	0.1370
2	中国农业科学院棉花研究所	115	0.1281
3	塔里木大学	92	0.1024
4	新疆农业大学	69	0.0768
5	新疆农业科学院核技术生物技术研究所	48	0.0535
6	江西省棉花研究所	17	0.0189

---

① 中国知网. https://www.cnki.net/.

续 表

序号	单位	数量	占比
7	河北农业大学	14	0.0156
8	新疆生产建设兵团绿洲生态农业重点实验室	14	0.0156
9	山东棉花研究中心	13	0.0145
10	辽宁省经济作物研究所	11	0.0122
11	棉花教育部工程研究中心	11	0.0122
12	山东农业大学	11	0.0122
13	山西省农业科学院棉花研究所	11	0.0122
14	中国农业科学院	11	0.0122
15	中国农业科学院农田灌溉研究所	11	0.0122
16	新疆生产建设兵团第一师农业科学研究所	10	0.0111
17	植物生长调节剂教育部工程研究中心	10	0.0111
18	中国农业大学农学院	10	0.0111
19	农业部荒漠绿洲作物生理生态与耕作重点实验室	9	0.0100
20	新疆绿洲农业病虫害治理与植保资源利用重点实验室	9	0.0100
21	新疆农垦科学院棉花研究所	9	0.0100
22	河北省农林科学院棉花研究所	8	0.0089
23	新疆农垦科学院	8	0.0089
24	新疆生产建设兵团农业技术推广总站	8	0.0089
25	新疆水利水电科学研究院	8	0.0089
26	德州市农业科学研究院	7	0.0078
27	湖北省农业科学院经济作物研究所	7	0.0078
28	新疆生产建设兵团第七师农业科学研究所	7	0.0078
29	新疆心连心能源化工有限公司	7	0.0078
30	中国农业科学院生物技术研究所	7	0.0078
31	安徽省农业科学院棉花研究所	6	0.0067
32	河北省棉花种子工程技术研究中心	6	0.0067
33	河北省农林科学院植物保护研究所	6	0.0067
34	农业农村部西北绿洲农业环境重点实验室	6	0.0067
35	西北农林科技大学	6	0.0067
36	西北农林科技大学旱区农业水土工程教育部重点实验室	6	0.0067
37	新疆兵团绿洲生态农业重点实验室	6	0.0067
38	国家棉花产业技术体系鄱阳湖综合试验站	5	0.0056
39	邯郸市农业科学院	5	0.0056
40	河北省农业有害生物综合防治工程技术研究中心	5	0.0056
41	河北省作物生长调控重点实验室	5	0.0056
42	华中农业大学植物科学技术学院	5	0.0056

续表

序号	单位	数量	占比
43	黄冈市农业科学院	5	0.0056
44	教育部棉花工程研究中心	5	0.0056
45	南京农业大学农学院	5	0.0056
46	农业部黄淮海半干旱区棉花生物学与遗传育种重点实验室	5	0.0056
47	农业农村部华北北部作物有害生物综合治理重点实验室	5	0.0056
48	山西农业大学农学院	5	0.0056
49	石家庄海关	5	0.0056
50	新疆农垦科学院农田水利与土壤肥料研究所	5	0.0056
51	中国农业大学资源与环境学院	5	0.0056

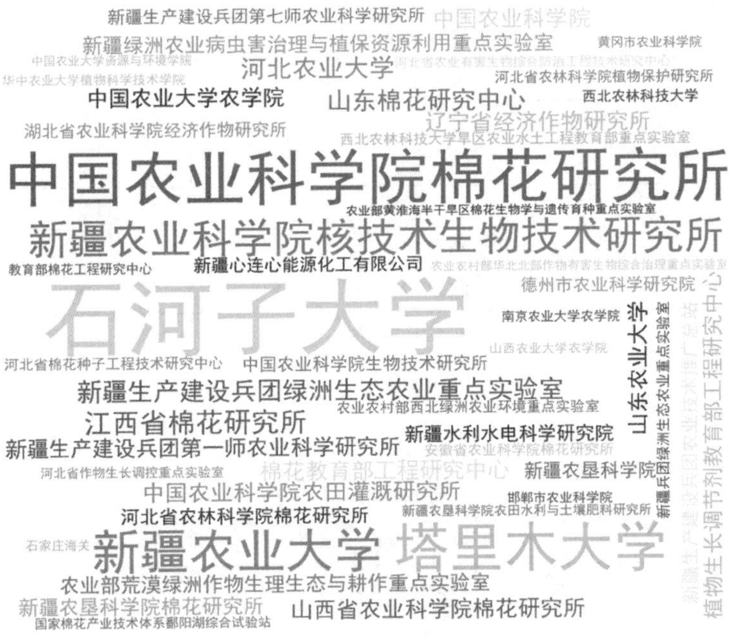

图 5-4 论文作者单位分布情况

5.2.3 主要研究内容概况

本节主要通过相关研究报道的关键词对研究内容进行概要分析。对总体 898 篇相关科研文献的关键词进行统计，将不能体现本质内容的关键词排除在外，如"××方法""××模型""××地方"等，仅保留能够体现本质研究内容的关键词。然后对关键词出现频次进行统计，结果如表 5-7 所示（仅列出了出现 5 次以上的关键词）。通过关键词词频统计结果可以看出，超过 95% 的文献报道内容的均属于棉花育种和植保阶段，主要研究的热点在于如何改良品种和优化栽培技术提高棉花的产量和品质，对棉花的病虫害防治也是研究者关注的焦点。这与 5.1 节所述相似的是在收获、加工、仓储和物流阶段的研究报道相对较少，图 5-5 通过词云更加直观地展示了近两年涉棉科学研究的热点问题。

表 5-7 2020—2021 年度涉棉科研论文关键词词频概况

序号	关键词	数量	占比
1	产量	147	0.1637
2	栽培技术	29	0.0323
3	品质	27	0.0301
4	纤维品质	25	0.0278
5	膜下滴灌	22	0.0245
6	农艺性状	21	0.0234
7	生长发育	18	0.0200
8	机采棉	17	0.0189
9	黄萎病	15	0.0167
10	棉花黄萎病	14	0.0156
11	陆地棉	13	0.0145
12	防治	12	0.0134
13	缩节胺	12	0.0134
14	密度	12	0.0134
15	品种	11	0.0122
16	枯萎病	10	0.0111
17	施氮量	10	0.0111
18	大丽轮枝菌	10	0.0111
19	冠层结构	10	0.0111
20	光合特性	10	0.0111
21	花铃期	9	0.0100
22	生物量	9	0.0100
23	棉蚜	9	0.0100
24	棉花秸秆	9	0.0100
25	种植密度	8	0.0089
26	盐胁迫	8	0.0089
27	水盐运移	8	0.0089
28	棉花生长	8	0.0089
29	间作	7	0.0078
30	选育	7	0.0078
31	生长	7	0.0078
32	水分利用效率	7	0.0078
33	棉铃虫	7	0.0078
34	根系	7	0.0078
35	抗旱性	7	0.0078

续　表

序号	关键词	数量	占比
36	吐絮率	7	0.0078
37	化学打顶	13	0.0145
38	脱叶剂	6	0.0067
39	种植模式	6	0.0067
40	灌溉制度	6	0.0067
41	氮肥	6	0.0067
42	木棉花	6	0.0067
43	有机肥	6	0.0067
44	微咸水	6	0.0067
45	干旱胁迫	6	0.0067
46	土壤	6	0.0067
47	叶绿素	6	0.0067
48	养分吸收	6	0.0067
49	全要素生产率	6	0.0067
50	酶活性	5	0.0056
51	选育过程	5	0.0056
52	轻简化栽培	5	0.0056
53	转录组	5	0.0056
54	脱叶率	5	0.0056
55	病虫害	5	0.0056
56	生育期	5	0.0056
57	生理特性	5	0.0056
58	灌水量	5	0.0056
59	水分胁迫	5	0.0056
60	棉花秸秆纤维	5	0.0056
61	棉花种植	5	0.0056
62	棉花产业	5	0.0056
63	无膜栽培	5	0.0056
64	播期	5	0.0056
65	抗氧化酶	5	0.0056
66	干物质	5	0.0056
67	NaCl 胁迫	5	0.0056

图 5-5 2020—2021 年度涉棉学术论文热点关键词

5.3 专利授权

5.3.1 总体情况简介

本节从已授权的专利角度分析近两年涉棉科研动态,为了确保专利质量和代表性,仅对近两年授权的发明专利进行分析。基于国家知识产权局专利检索与统计平台[①]检索了自 2020 年 1 月 1 日至 2021 年 8 月 15 日专利名称中包含"棉花"的已授权发明专利,对检索结果进行逐项核查并删除本质上与棉花无关的专利,最终剩余 185 项。其中 2020 年全年累计授权 96 项,2021 年截止到 8 月 15 日累计授权 89 项,较 2020 年同期上涨 48.33%,预计 2021 年将比 2020 年在发明专利授权数量上有大幅度的增加。通过相关专利总体申请及授权情况可以看出,相关产业的知识转化速度有所提升,棉花产业技术升级正在提速。

表 5-8 2020—2021 年度涉棉发明专利概况

序号	发明(设计)名称	申请(专利权)人	年份
1	一种抑制棉花霉菌生长的复合配剂	安徽大学	2020
2	一种棉花采摘方法	安徽省华腾农业科技有限公司	2020
3	一种棉花采摘机	安徽省华腾农业科技有限公司	2020
4	高效自动弹棉花机	安徽省金士棉机有限责任公司	2020

---

① 国家知识产权局专利检索与统计. http://pss-system.cnipa.gov.cn/sipopublicsearch/portal/app/home/declare.jsp.2021.8.27.

续 表

序号	发明(设计)名称	申请(专利权)人	年份
5	一种棉花秸秆黄腐酸和纤维素乙醇生产工艺	白博	2020
6	棉花生物免打顶剂	北京神农源生物科技发展有限公司	2020
7	棉花植物事件aC20-3以及用于其检测的引物和方法	创世纪种业有限公司	2020
8	机械式定序的棉花处理系统	迪尔公司	2020
9	一种基于物候分析的棉花遥感监测方法	二十一世纪空间技术应用股份有限公司	2020
10	调节棉花的棉酚性状的基因以及调节方法	广东溢达纺织有限公司	2020
11	棉花转基因创制细胞质雄性不育系的方法	广西大学	2020
12	一种棉花转基因创制细胞质雄性不育系的方法	广西大学	2020
13	棉花样品快速封压成卷装置	河北出入境检验检疫局检验检疫技术中心	2020
14	气动式棉花样品快速封装整理装置及整理方法	河北出入境检验检疫局检验检疫技术中心	2020
15	棉花GbABR1基因在抗黄萎病中的应用	河南大学	2020
16	棉花谷胱甘肽过氧化物酶GhGPX8及应用	河南大学	2020
17	来自陆地棉的与棉花纤维强度相关的分子标记及其应用	河南科技学院	2020
18	一种促进棉花快速生长的育种基质及制备方法	河南科技学院	2020
19	一种棉花一播全苗的方法	湖北省农业科学院经济作物研究所	2020
20	一种轻简化播种棉花的方法	湖北省农业科学院经济作物研究所	2020
21	一种鉴别深棕色棉花的分子标记	华中农业大学	2020
22	一种棉花抗枯萎病基因及其应用	华中农业大学	2020
23	棉花PHYA1RNAi改善陆地棉的纤维品质、根伸长、开花、成熟和产量潜力	基因组学和生物信息学中心	2020
24	一种棉花异纤维检测剔除机棉流通道测速方法与装置	江苏大学	2020
25	与棉花纤维强度和马克隆值相关的SSR分子标记及应用	江苏省农业科学院	2020
26	一种纺织用棉花除糖喷洒设备	江西省蒙恩纺织有限公司	2020
27	一种特早熟抗病棉花高效育种方法	辽宁省经济作物研究所	2020
28	降低棉花苗期虫害的种植方法	刘兴海	2020

续表

序号	发明(设计)名称	申请(专利权)人	年份
29	一种棉花采摘设备	浏阳市月亮岛农业科技开发有限公司	2020
30	一种山区棉花采摘方法	浏阳市月亮岛农业科技开发有限公司	2020
31	棉花电动打顶装置及其使用方法	六安联众工业自动化技术有限公司	2020
32	能显著提高棉花抗病性的GhLMM基因及其应用	南京农业大学	2020
33	一个棉花品质性状关联的编码肌球蛋白的基因	南京农业大学	2020
34	棉花纤维长度相关QTL及其应用	南通大学	2020
35	一种棉花专用施药机	南通黄海药械有限公司	2020
36	一种棉花专用施药机用导流板	南通黄海药械有限公司	2020
37	一种棉花专用施药机用吊喷装置	南通黄海药械有限公司	2020
38	宽窄行栽培模式下棉花脱叶药剂的航空喷施作业方法	山东理工大学	2020
39	三膜十二行栽培模式下棉花脱叶药剂的航空喷施作业方法	山东理工大学	2020
40	一膜六行栽培模式下棉花脱叶药剂的航空喷施作业方法	山东理工大学	2020
41	一膜三行栽培模式下棉花脱叶药剂的航空喷施作业方法	山东理工大学	2020
42	一种利用chr.19单QTL片段置换系改良棉花纤维长度的分子育种方法	山东棉花研究中心	2020
43	一种利用chr.7单QTL片段置换系改良棉花纤维强力的分子育种方法	山东棉花研究中心	2020
44	一种棉花促根抗病壮株剂及水肥药一体化施用方法	山东棉花研究中心	2020
45	一种高效液相色谱－质谱法测定棉花中褪黑素的方法	山东农业大学	2020
46	一种木棉花红色素的分离纯化方法	汕头大学	2020
47	一种采棉机用棉花方模在线成型控制系统	上海大学	2020
48	VdPHB基因在抗棉花黄萎病菌中的应用	上海交通大学	2020
49	一种仿人工弹制棉花机	绍兴伟乐服饰有限公司	2020
50	一种便携式棉花采摘装置	绍兴纤逸纺织科技有限公司	2020
51	蜡样芽孢杆菌防治棉花病害及其促生长的应用	石河子大学	2020
52	一种干旱区棉花高产节水的栽培方法	石河子大学	2020

续表

序号	发明(设计)名称	申请(专利权)人	年份
53	一种便携背负式棉花采摘去籽装置	宿州市徽腾知识产权咨询有限公司	2020
54	一种机采棉花地膜带种植方法	塔里木大学	2020
55	一种棉花病虫害防治的精量施药装置	塔里木大学	2020
56	一种棉花加工用烘干装置组件	太湖县银丰棉业有限公司	2020
57	一种棉花加工一体机的抛棉装置	温州派瑞机械科技有限公司	2020
58	一种棉花样品机械取样装置	武汉国量仪器有限公司	2020
59	一种棉花纳米纤维素晶须复合树脂材料及制备方法	西安交通大学口腔医院	2020
60	表达载体在棉花的次生壁发育期特异表达GhPSY2基因生产棕黄色纤维中的应用	西南大学	2020
61	棉花AINTEGUMENTA基因GhANT在棉花育种中的应用	西南大学	2020
62	一种促进棉花纤维绿色色素合成的蛋白质、基因及其编码序列和应用	西南大学	2020
63	一种提高棉花产量的融合基因、植物表达载体、转化体及应用	西南大学	2020
64	一种棉花分梳装置	象山平悦环保科技有限公司	2020
65	一种棉花检测控制系统及其测控方法	新疆奎木星测控技术有限公司	2020
66	防治棉花黄萎病的方法	新疆农垦科学院	2020
67	一种棉花磷素营养快速诊断方法	新疆农业大学	2020
68	一种盐芽孢杆菌SYW-1及在棉花黄萎病防治中的应用	新疆农业科学院微生物应用研究所	2020
69	一种高效棉花去籽装置	颍上鑫鸿纺织科技有限公司	2020
70	一种升降温鉴定棉花高温耐受性的方法	长江大学	2020
71	一种方便更换电机的棉花开松机	浙江中超新材料股份有限公司	2020
72	一种棉花植株含氮量的检测方法	中国科学院新疆生态与地理研究所	2020
73	GhHUB2蛋白在调控棉花纤维长度和强度中的应用	中国农业大学	2020
74	一种来自棉花抗植物真菌病害蛋白GhGLP2及其编码基因与应用	中国农业大学	2020
75	一种棉花输送机构及采棉机	中国农业大学	2020
76	一种棉花圆模成型控制与状态采集方法	中国农业大学	2020
77	一种培育抗旱转基因棉花的方法	中国农业大学	2020
78	一种提取棉花线粒体及其蛋白质的方法	中国农业大学	2020

续 表

序号	发明(设计)名称	申请(专利权)人	年份
79	鉴定棉花闭花授粉材料的引物对、试剂盒以及方法	中国农业科学院棉花研究所	2020
80	棉花打顶方法、棉花打顶剂及其制备方法和应用	中国农业科学院棉花研究所	2020
81	南疆无膜棉花的栽培方法	中国农业科学院棉花研究所	2020
82	一种调节棉花株型结构的方法	中国农业科学院棉花研究所	2020
83	一种鉴定棉花闭花授粉材料温敏特性的方法	中国农业科学院棉花研究所	2020
84	一种可增强棉花幼苗抗旱性的组合物及抗旱方法	中国农业科学院棉花研究所	2020
85	一种棉花耐碱性的鉴定方法	中国农业科学院棉花研究所	2020
86	一种棉花智能授粉装置及其控制系统	中国农业科学院棉花研究所	2020
87	一种适于麦棉两熟复种连作的棉花免耕播种方法	中国农业科学院棉花研究所	2020
88	一种同步改良棉花黄萎病抗性和纤维品质的分子育种方法	中国农业科学院棉花研究所	2020
89	一种稳定筛选耐盐性棉花苗的方法	中国农业科学院棉花研究所	2020
90	与棉花衣分性状显著相关的基因、SNP 标记及其应用	中国农业科学院棉花研究所	2020
91	环糊精葡萄糖基转移酶用于抑制棉花黄萎病菌的应用及抑菌剂	中国农业科学院棉花研究所	2020
92	一种棉花叶部粘连病斑图像的分割方法和系统	中国农业科学院农业信息研究所	2020
93	一种棉花细胞质雄性不育恢复基因的分子标记及其应用	中国农业科学院生物技术研究所	2020
94	一种能促进棉花侧根发育的 sgRNA 及其应用	中国农业科学院生物技术研究所	2020
95	棉花 GhAS1 基因、GhAS1 蛋白、重组载体、重组菌及其应用	中国烟草总公司郑州烟草研究院	2020
96	农杆菌介导的棉花胚尖快速转化方法	中国种子集团有限公司	2020
97	一种分控棉花毛籽的脱绒装置	安徽英贯豪纺织有限公司	2021
98	一种适于滨海盐碱旱作区气候类型的棉花栽培方法	沧州市农林科学院	2021
99	一种棉花打顶剂及其制备方法	高瑾	2021
100	一种利用离核木棉创制棉花细胞质雄性不育系的方法	广西大学	2021
101	一种利用联核木棉创制棉花细胞质雄性不育系的方法	广西大学	2021
102	一种棉被生产用弹棉花高端装置	广州市海尔电器有限公司	2021
103	一种农业用可便于收集的棉花采摘器	杭州聚锋科技有限公司	2021

续表

序号	发明(设计)名称	申请(专利权)人	年份
104	棉花样品连续取样检测方法	河北出入境检验检疫局检验检疫技术中心	2021
105	一种稀密交替环境下培育宜稀耐密抗烂铃棉花品种的方法	河北省农林科学院粮油作物研究所	2021
106	一种促进弱光下棉花幼苗生长的复配调节剂及其应用	河北省农林科学院棉花研究所	2021
107	棉花 GbCaMBP 基因在植物抗黄萎病中的应用	河南大学	2021
108	棉花 GbDREB 基因在抗黄萎病中的应用	河南大学	2021
109	棉花 GbSLR1 基因在植物根和分枝发育中的应用	河南大学	2021
110	棉花 GhLecRK1 基因在植物抗黄萎病中的应用	河南大学	2021
111	棉花 GhPHOT1－1 基因在光能高效利用方面的应用	河南大学	2021
112	一种培育果枝夹角改变的转基因棉花的方法	河南科技学院	2021
113	一种棉花烘干机	胡苗苗	2021
114	GhTMT2 基因在调节棉花中可溶性糖积累的应用	华中农业大学	2021
115	基于图像分析的多品种全生育期棉花生物量无损测量方法	华中农业大学	2021
116	一种棉花基因的编辑方法	华中农业大学	2021
117	一种棉花免疫系统的激活剂及其应用	华中农业大学	2021
118	一种提高棉花再生及转化效率的方法及应用	华中农业大学	2021
119	一种棉花根尖特异性启动子及其应用	江苏省农业科学院	2021
120	一种适宜生产应用的棉花化学杀雄杂交制种方法	江苏省农业科学院	2021
121	一种用于脱叶的组合物、棉花脱叶剂及其制备方法	江苏省农业科学院	2021
122	能提高棉花纤维强度的异常棉染色体片段及其分子标记	江苏省农业科学院;九圣禾种业股份有限公司	2021
123	一种棉花脱脂装置	江西美宝利医用敷料有限公司	2021
124	一种耐高温棉花的选育方法	荆州农业科学院	2021
125	棉花育种基质的制备方法及其使用方法	刘兴海	2021
126	抗棉花黄萎病的基因 GbCYP86A1－1 及其应用	南京农业大学	2021
127	棉花 GhVLN4 基因在抗黄萎病中的应用	南京农业大学	2021
128	一个棉花产量性状关联的乙烯响应转录因子基因	南京农业大学	2021
129	一个棉花产量性状关联的乙烯信号转导途径调节因子	南京农业大学	2021
130	一种棉花非编码 RNA 基因 GhDAN1 及其应用	南京农业大学	2021

续 表

序号	发明(设计)名称	申请(专利权)人	年份
131	可防治棉花黄萎病的大丽轮枝菌的菌株HCX-01的制备及其应用	南阳师范学院	2021
132	一种控制棉花叶枝生长的遮荫方法	山东棉花研究中心	2021
133	一种棉花与绿豆的间作播种装置	山东棉花研究中心	2021
134	棉花长链非编码RNA-lnc973及其在植物耐盐性中的应用	山东农业大学	2021
135	一种悬挂式棉花打顶消毒回收装置	绍兴嘉越纺织机械有限公司	2021
136	一种棉花脱叶剂	石河子大学	2021
137	高产棉花的枣棉间作种植方法	塔里木大学	2021
138	一种高通量分控棉花毛籽脱绒装置及方法	塔里木大学	2021
139	一种监控棉花病虫害的无人机设备	塔里木大学	2021
140	一种离子型高分子棉花打顶剂及其制备方法	塔里木大学	2021
141	一种成箱棉花运输设备	王德胜	2021
142	一种棉花农作物植保无人机	芜湖市西贝克机电科技有限公司	2021
143	棉花长纤维高表达基因GhLFHE3及其转基因棉花制备方法和应用	西南大学	2021
144	一种棉花长纤维高表达基因GhLFHE2及其编码的蛋白质和应用	西南大学	2021
145	一种改良土壤的棉花专用液体套餐肥及制备方法和施用方法	新疆慧尔农业集团股份有限公司	2021
146	保苗助长型棉花种衣剂及其制备方法与在防治病虫害和耐寒方面的应用	新疆农业科学院核技术生物技术研究所	2021
147	一种鉴定常规棉花品种真实性的SSR分子标记方法	新疆农业科学院经济作物研究所	2021
148	一种新疆棉花种质资源精准鉴定田间全程操作方法	新疆农业科学院经济作物研究所	2021
149	一株防治棉花黄萎病的拮抗菌Z-18及应用	新疆农业科学院微生物应用研究所	2021
150	一种纺织棉花粗加工设备	虞群	2021
151	一种棉花化学打顶剂	浙江禾田化工有限公司	2021
152	一种棉花性状改良的方法	浙江理工大学	2021
153	一种便携式棉花采摘设备	真木农业设备(安徽)有限公司	2021
154	一种棉花病虫害防治方法	真木农业设备(安徽)有限公司	2021
155	棉花转运蛋白GhBASS5基因在植物耐盐中的应用	郑州大学	2021

续 表

序号	发明(设计)名称	申请(专利权)人	年份
156	棉花 GhTCP4 基因及其在改良棉纤维长度中的应用	中国科学院分子植物科学卓越创新中心	2021
157	一种来自棉花抗病耐旱蛋白基因 GhSNAP33 及其应用	中国农业大学	2021
158	一种提高棉花抗黄萎病相关蛋白 CkSYP71 及其编码的基因和应用	中国农业大学	2021
159	鉴定棉花品种 YM111 真实性和种子纯度的引物组及其应用	中国农业科学院棉花研究所	2021
160	棉花基因 GhDTX27 在植物耐盐、干旱和冷胁迫方面的应用	中国农业科学院棉花研究所	2021
161	棉花脱叶催熟组合物和棉花脱叶催熟剂	中国农业科学院棉花研究所	2021
162	棉花脱叶催熟组合物和棉花脱叶催熟剂	中国农业科学院棉花研究所	2021
163	棉花外植体直接分化为胚性愈伤组织的方法及培养基	中国农业科学院棉花研究所	2021
164	棉花衣分分子标记及其应用	中国农业科学院棉花研究所	2021
165	棉花转录因子 GaMAN1 在植物油脂代谢调控中的应用	中国农业科学院棉花研究所	2021
166	提高棉花衣分的 SNP 标记以及高产棉的鉴定和育种方法	中国农业科学院棉花研究所	2021
167	一种基于毛细管四色荧光电泳检测和多重荧光 PCR 扩增的高通量棉花品种指纹库构建方法	中国农业科学院棉花研究所	2021
168	一种棉花不去雄人工杂交制种方法	中国农业科学院棉花研究所	2021
169	一种棉花的种植方法及利用其棉花制备干花的方法	中国农业科学院棉花研究所	2021
170	一种棉花多基因聚合育种的分子检测方法	中国农业科学院棉花研究所	2021
171	一种棉花花铃期叶面温度调节剂及应用	中国农业科学院棉花研究所	2021
172	一种棉花植调剂及其制备和使用方法	中国农业科学院棉花研究所	2021
173	一种年 20 万倍棉花制种的方法	中国农业科学院棉花研究所	2021
174	一种营养调节型棉花专用叶面肥	中国农业科学院棉花研究所	2021
175	一种与棉花黄萎病抗性有关的 QTL/主效基因的分子标记	中国农业科学院棉花研究所	2021
176	一种杂交聚合棉花优质性状的育种方法	中国农业科学院棉花研究所	2021
177	一种增强棉花幼苗抗旱性的方法	中国农业科学院棉花研究所	2021
178	用于棉花黄萎病重病田的黄萎病防治方法	中国农业科学院棉花研究所	2021
179	与棉花 PSM4 的光敏雄性不育性状紧密连锁的分子标记及分子鉴定方法和应用	中国农业科学院棉花研究所	2021

续 表

序号	发明(设计)名称	申请(专利权)人	年份
180	鸡粪沼液用于防治棉花枯萎病的应用及防治方法	中国农业科学院棉花研究所	2021
181	一种棉花脱叶剂助剂及其制备与使用方法	中国农业科学院棉花研究所	2021
182	一种耐低温棉花品种的育种方法	中国农业科学院生物技术研究所	2021
183	一种盐碱地改良剂及其在种植棉花用盐碱地改良中的应用	中国农业科学院西部农业研究中心	2021
184	用于棉花 MON15985 转化体纯杂合鉴定的引物组、试剂盒及方法	中国农业科学院植物保护研究所	2021
185	棉花打顶增桃剂	重庆市优胜科技发展有限公司	2021

5.3.2 主要研究机构概况

本节主要通过专利权人的角度分析涉棉科研主体概况。基于表 5-8 统计了 2020—2021 年度授权专利与专利权人的归属关系,详细结果如表 5-9 所示(仅列出了授权数量在 2 项以上的单位或个人)。可以看出,中国农业科学院棉花研究所的专利授权数量高居榜首,彰显了其在棉花领域的深厚研究实力。中国农业大学、河南大学、南京农业大学、华中农业大学、西南大学、塔里木大学和山东棉花研究中心发明专利授权数量都在 5 项以上,体现了这些涉棉科研单位较强的棉花研究能力。另外,也可以看到很多涉棉企业和研究所也在发明专利授权上颇有建树。值得指出的是,与论文发表不同,全国棉花主产区新疆在专利申请与授权方面并不占主导地位,从一定程度上反映了其研究的重理论,轻工程实践和实际转化的问题。图 5-6 以词云的方式更加直观地展示了涉棉科研单位在发明专利授权中的比重。

表 5-9 2020—2021 年度涉棉发明专利申请(专利权)人概况

序号	申请(专利权)人	数量	占比
1	中国农业科学院棉花研究所	33	0.1158
2	中国农业大学	8	0.0281
3	河南大学	7	0.0246
4	南京农业大学	7	0.0246
5	华中农业大学	7	0.0246
6	西南大学	6	0.0211
7	塔里木大学	6	0.0211
8	山东棉花研究中心	5	0.0175
9	江苏省农业科学院	4	0.0140
10	广西大学	4	0.0140
11	山东理工大学	4	0.0140
12	石河子大学	3	0.0105
13	河南科技学院	3	0.0105

续表

序号	申请(专利权)人	数量	占比
14	河北出入境检验检疫局检验检疫技术中心	3	0.0105
15	安徽省华腾农业科技有限公司	3	0.0105
16	南通黄海药械有限公司	3	0.0105
17	真木农业设备(安徽)有限公司	2	0.0070
18	界首市华宇纺织有限公司	2	0.0070
19	湖北省农业科学院经济作物研究所	2	0.0070
20	浏阳市月亮岛农业科技开发有限公司	2	0.0070
21	中国农业科学院生物技术研究所	2	0.0070
22	新疆农业科学院经济作物研究所	2	0.0070
23	新疆农业科学院微生物应用研究所	2	0.0070
24	山东农业大学	2	0.0070
25	刘兴海	2	0.0070

图 5-6　2020—2021 年度涉棉发明专利申请(专利权)人比重

5.3.3　主要研究内容概况

与 5.1.3 节类似,根据先后顺序依次将完整棉花产业链划分为育种、栽培、植保(田间管理阶段)、收获、初加工、检测、仓储、物流以及深加工 9 个阶段,其中深加工与纺织和制造关系更加紧密,本文不做讨论。按照上述 9 个阶段依次对近两年授权的发明专利进行归类,详细结果如表 5-10 所示。可以看出在 2020 年授权的 96 项专利中，37 项属于育种阶段、占比 39.58%，7 项属于栽培阶段、占比 7.29%，22 项属于植保阶段、占比 22.92%，10 项属于收获阶段、占比 10.42%，6 项属于初加工阶段、占比 6.25%，6 项属于检测阶段、占比 6.25%，7 项属于深加工阶段、占比 7.29%，总体来说属于产业链前段的育种、栽培和收获整体占比 80.21%，属于产业链中后段的初加工、检测、仓储、物流和深加工整体占比 19.79%；2021 年授权的 89 项专利中，50 项属于育种阶段、占比 56.18，7 项属于栽培阶段、占比 7.87%，22 项属于植保阶段、占比 24.72%，2 项属于收获阶段、占比 2.25%，5 项属于初加工阶段、占比 5.62%，1 项属于检测阶段、占比 1.12%，2 项属于深加工阶段、占比 2.24%，总体来说属于产业链前段的育种、栽培和收获整体占比 91.01%，属于产业链中后段的初加工、检测、仓储、物流和深加工整体占比 8.99%。由以上分析可以看出，从专利申请与授权角度来说存在于 5.1.3 节和 5.2.3 节中相似的情况，即属于产业链前段的专利申请较多，而属于产业链中后段的专利申请则严重不足，图 5-7 以饼图的形式更加直观地展示了各个阶段专利占比情况。

表 5-10 2020—2021 年度涉棉专利主要内容概况

序号	发明（设计）名称	阶段	年份
1	棉花植物事件 aC20-3 以及用于其检测的引物和方法	育种	2020
2	调节棉花的棉酚性状的基因以及调节方法	育种	2020
3	棉花转基因创制细胞质雄性不育系的方法	育种	2020
4	一种棉花转基因创制细胞质雄性不育系的方法	育种	2020
5	棉花 GbABR1 基因在抗黄萎病中的应用	育种	2020
6	棉花谷胱甘肽过氧化物酶 GhGPX8 及应用	育种	2020
7	一种促进棉花快速生长的育种基质及制备方法	育种	2020
8	一种鉴别深棕色棉花的分子标记	育种	2020
9	一种棉花抗枯萎病基因及其应用	育种	2020
10	棉花 PHYA1RNAi 改善陆地棉的纤维品质、根伸长、开花、成熟和产量潜力	育种	2020
11	与棉花纤维强度和马克隆值相关的 SSR 分子标记及应用	育种	2020
12	一种特早熟抗病棉花高效育种方法	育种	2020
13	能显著提高棉花抗病性的 GhLMM 基因及其应用	育种	2020
14	一个棉花品质性状关联的编码肌球蛋白的基因	育种	2020
15	棉花纤维长度相关 QTL 及其应用	育种	2020
16	一种利用 chr.19 单 QTL 片段置换系改良棉花纤维长度的分子育种方法	育种	2020
17	一种利用 chr.7 单 QTL 片段置换系改良棉花纤维强力的分子育种方法	育种	2020
18	VdPHB 基因在抗棉花黄萎病菌中的应用	育种	2020
19	表达载体在棉花的次生壁发育期特异表达 GhPSY2 基因生产棕黄色纤维中的应用	育种	2020
20	棉花 AINTEGUMENTA 基因 GhANT 在棉花育种中的应用	育种	2020

续表

序号	发明(设计)名称	阶段	年份
21	一种促进棉花纤维绿色色素合成的蛋白质、基因及其编码序列和应用	育种	2020
22	一种提高棉花产量的融合基因、植物表达载体、转化体及应用	育种	2020
23	一种盐芽孢杆菌SYW-1及在棉花黄萎病防治中的应用	育种	2020
24	GhHUB2蛋白在调控棉花纤维长度和强度中的应用	育种	2020
25	一种来自棉花抗植物真菌病害蛋白GhGLP2及其编码基因与应用	育种	2020
26	一种培育抗旱转基因棉花的方法	育种	2020
27	鉴定棉花闭花授粉材料的引物对、试剂盒以及方法	育种	2020
28	一种调节棉花株型结构的方法	育种	2020
29	一种鉴定棉花闭花授粉材料温敏特性的方法	育种	2020
30	一种棉花耐碱性的鉴定方法	育种	2020
31	一种同步改良棉花黄萎病抗性和纤维品质的分子育种方法	育种	2020
32	一种稳定筛选耐盐性棉苗的方法	育种	2020
33	与棉花衣分性状显著相关的基因、SNP标记及其应用	育种	2020
34	一种棉花细胞质雄性不育恢复基因的分子标记及其应用	育种	2020
35	一种能促进棉花侧根发育的sgRNA及其应用	育种	2020
36	棉花GhAS1基因、GhAS1蛋白、重组载体、重组菌及其应用	育种	2020
37	农杆菌介导的棉花胚尖快速转化方法	育种	2020
38	来自陆地棉的与棉花纤维强度相关的分子标记及其应用	育种	2020
39	一种棉花一播全苗的方法	栽培	2020
40	一种轻简化播种棉花的方法	栽培	2020
41	降低棉花苗期虫害的种植方法	栽培	2020
42	一种干旱区棉花高产节水的栽培方法	栽培	2020
43	一种机采棉花地膜带种植方法	栽培	2020
44	南疆无膜棉花的栽培方法	栽培	2020
45	一种适于麦棉两熟复种连作的棉花免耕播种方法	栽培	2020
46	棉花生物免打顶剂	植保	2020
47	一种基于物候分析的棉花遥感监测方法	植保	2020
48	棉花电动打顶装置及其使用方法	植保	2020
49	一种棉花专用施药机	植保	2020
50	一种棉花专用施药机用导流板	植保	2020
51	一种棉花专用施药机用吊喷装置	植保	2020
52	宽窄行栽培模式下棉花脱叶药剂的航空喷施作业方法	植保	2020
53	三膜十二行栽培模式下棉花脱叶药剂的航空喷施作业方法	植保	2020

续　表

序号	发明(设计)名称	阶段	年份
54	一膜六行栽培模式下棉花脱叶药剂的航空喷施作业方法	植保	2020
55	一膜三行栽培模式下棉花脱叶药剂的航空喷施作业方法	植保	2020
56	一种棉花促根抗病壮株剂及水肥药一体化施用方法	植保	2020
57	蜡样芽孢杆菌防治棉花病害及其促生长的应用	植保	2020
58	一种棉花病虫害防治的精量施药装置	植保	2020
59	防治棉花黄萎病的方法	植保	2020
60	一种棉花磷素营养快速诊断方法	植保	2020
61	棉花打顶方法、棉花打顶剂及其制备方法和应用	植保	2020
62	一种可增强棉花幼苗抗旱性的组合物及抗旱方法	植保	2020
63	一种棉花智能授粉装置及其控制系统	植保	2020
64	环糊精葡萄糖基转移酶用于抑制棉花黄萎病菌的应用及抑菌剂	植保	2020
65	一种棉花叶部粘连病斑图像分割方法和系统	植保	2020
66	一种升降温鉴定棉花高温耐受性的方法	植保	2020
67	一种棉花植株含氮量的检测方法	植保	2020
68	一种便携式棉花采摘装置	收获	2020
69	一种棉花采摘方法	收获	2020
70	一种棉花采摘机	收获	2020
71	机械式定序的棉花处理系统	收获	2020
72	一种棉花采摘设备	收获	2020
73	一种山区棉花采摘方法	收获	2020
74	一种采棉机用棉花方模在线成型控制系统	收获	2020
75	一种便携背负式棉花采摘去籽装置	收获	2020
76	一种棉花输送机构及采棉机	收获	2020
77	一种棉花圆模成型控制与状态采集方法	收获	2020
78	一种抑制棉花霉菌生长的复合配剂	初加工	2020
79	一种棉花异纤维检测剔除机棉流通道测速方法与装置	初加工	2020
80	一种棉花加工用烘干装置组件	初加工	2020
81	一种棉花加工一体机的抛棉装置	初加工	2020
82	一种高效棉花去籽装置	初加工	2020
83	一种方便更换电机的棉花开松机	初加工	2020
84	棉花样品快速封压成卷装置	检测	2020
85	气动式棉花样品快速封装整理装置及整理方法	检测	2020
86	一种高效液相色谱-质谱法测定棉花中褪黑素的方法	检测	2020
87	一种棉花样品机械取样装置	检测	2020
88	一种棉花检测控制系统及其测控方法	检测	2020

续 表

序号	发明(设计)名称	阶段	年份
89	一种提取棉花线粒体及其蛋白质的方法	检测	2020
90	高效自动弹棉花机	深加工	2020
91	一种棉花秸秆黄腐酸和纤维素乙醇生产工艺	深加工	2020
92	一种纺织用棉花除糖喷洒设备	深加工	2020
93	一种木棉花红色素的分离纯化方法	深加工	2020
94	一种仿人工弹制棉花机	深加工	2020
95	一种棉花纳米纤维素晶须复合树脂材料及制备方法	深加工	2020
96	一种棉花分梳装置	深加工	2020
97	一种利用离核木棉创制棉花细胞质雄性不育系的方法	育种	2021
98	一种利用联核木棉创制棉花细胞质雄性不育系的方法	育种	2021
99	棉花 GbCaMBP 基因在植物抗黄萎病中的应用	育种	2021
100	棉花 GbDREB 基因在抗黄萎病中的应用	育种	2021
101	棉花 GbSLR1 基因在植物根和分枝发育中的应用	育种	2021
102	棉花 GhLecRK1 基因在植物抗黄萎病中的应用	育种	2021
103	棉花 GhPHOT1－1 基因在光能高效利用方面的应用	育种	2021
104	一种培育果枝夹角改变的转基因棉花的方法	育种	2021
105	GhTMT2 基因在调节棉花中可溶性糖积累的应用	育种	2021
106	一种棉花基因的编辑方法	育种	2021
107	一种棉花免疫系统的激活剂及其应用	育种	2021
108	一种棉花根尖特异性启动子及其应用	育种	2021
109	一种适宜生产应用的棉花化学杀雄杂交制种方法	育种	2021
110	能提高棉花纤维强度的异常棉染色体片段及其分子标记	育种	2021
111	一种耐高温棉花的选育方法	育种	2021
112	棉花育种基质的制备方法及其使用方法	育种	2021
113	抗棉花黄萎病的基因 GbCYP86A1－1 及其应用	育种	2021
114	棉花 GhVLN4 基因在抗黄萎病中的应用	育种	2021
115	一个棉花产量性状关联的乙烯响应转录因子基因	育种	2021
116	一个棉花产量性状关联的乙烯信号转导途径调节因子	育种	2021
117	一种棉花非编码 RNA 基因 GhDAN1 及其应用	育种	2021
118	可防治棉花黄萎病的大丽轮枝菌的菌株 HCX－01 的制备及其应用	育种	2021
119	棉花长链非编码 RNA－lnc973 及其在植物耐盐性中的应用	育种	2021
120	棉花长纤维高表达基因 GhLFHE3 及其转基因棉花制备方法和应用	育种	2021
121	一种棉花长纤维高表达基因 GhLFHE2 及其编码的蛋白质和应用	育种	2021

续 表

序号	发明(设计)名称	阶段	年份
122	一种鉴定常规棉花品种真实性的SSR分子标记方法	育种	2021
123	一种新疆棉花种质资源精准鉴定田间全程操作方法	育种	2021
124	一株防治棉花黄萎病的拮抗菌Z-18及应用	育种	2021
125	一种棉花性状改良的方法	育种	2021
126	棉花转运蛋白GhBASS5基因在植物耐盐中的应用	育种	2021
127	棉花GhTCP4基因及其在改良棉纤维长度中的应用	育种	2021
128	一种来自棉花抗病耐旱蛋白基因GhSNAP33及其应用	育种	2021
129	一种提高棉花抗黄萎病相关蛋白CkSYP71及其编码的基因和应用	育种	2021
130	鉴定棉花品种YM111真实性和种子纯度的引物组及其应用	育种	2021
131	棉花基因GhDTX27在植物耐盐、干旱和冷胁迫方面的应用	育种	2021
132	棉花外植体直接分化为胚性愈伤组织的方法及培养基	育种	2021
133	棉花衣分分子标记及其应用	育种	2021
134	棉花转录因子GaMAN1在植物油脂代谢调控中的应用	育种	2021
135	提高棉花衣分的SNP标记以及高产棉的鉴定和育种方法	育种	2021
136	一种基于毛细管四色荧光电泳检测和多重荧光PCR扩增的高通量棉花品种指纹库构建方法	育种	2021
137	一种棉花不去雄人工杂交制种方法	育种	2021
138	一种棉花多基因聚合育种的分子检测方法	育种	2021
139	一种年20万倍棉花制种的方法	育种	2021
140	一种与棉花黄萎病抗性有关的QTL/主效基因的分子标记	育种	2021
141	一种杂交聚合棉花优质性状的育种方法	育种	2021
142	一种增强棉花幼苗抗旱性的方法	育种	2021
143	与棉花PSM4的光敏雄性不育性状紧密连锁的分子标记及分子鉴定方法和应用	育种	2021
144	一种耐低温棉花品种的育种方法	育种	2021
145	用于棉花MON15985转化体纯杂合鉴定的引物组、试剂盒及方法	育种	2021
146	一种稀密交替环境下培育宜稀耐密抗烂铃棉花品种的方法	育种	2021
147	一种适于滨海盐碱旱作区气候类型的棉花栽培方法	栽培	2021
148	一种促进弱光下棉花幼苗生长的复配调节剂及其应用	栽培	2021
149	一种棉花与绿豆的间作播种装置	栽培	2021
150	高产棉花的枣棉间作种植方法	栽培	2021
151	一种棉花的种植方法及利用其棉花制备干花的方法	栽培	2021
152	一种盐碱地改良剂及其在种植棉花用盐碱地改良中的应用	栽培	2021

续表

序号	发明(设计)名称	阶段	年份
153	一种改良土壤的棉花专用液体套餐肥及制备方法和施用方法	栽培	2021
154	一种棉花打顶剂及其制备方法	植保	2021
155	基于图像分析的多品种全生育期棉花生物量无损测量方法	植保	2021
156	一种提高棉花再生及转化效率的方法及应用	植保	2021
157	一种用于脱叶的组合物、棉花脱叶剂及其制备方法	植保	2021
158	一种控制棉花叶枝生长的遮荫方法	植保	2021
159	一种悬挂式棉花打顶消毒回收装置	植保	2021
160	一种棉花脱叶剂	植保	2021
161	一种监控棉花病虫害的无人机设备	植保	2021
162	一种离子型高分子棉花打顶剂及其制备方法	植保	2021
163	一种棉花农作物植保无人机	植保	2021
164	保苗助长型棉花种衣剂及其制备方法与在防治病虫害和耐寒方面的应用	植保	2021
165	一种棉花化学打顶剂	植保	2021
166	一种棉花病虫害防治方法	植保	2021
167	棉花脱叶催熟组合物和棉花脱叶催熟剂	植保	2021
168	棉花脱叶催熟组合物和棉花脱叶催熟剂	植保	2021
169	一种棉花花铃期叶面温度调节剂及应用	植保	2021
170	一种棉花植调剂及其制备和使用方法	植保	2021
171	一种营养调节型棉花专用叶面肥	植保	2021
172	用于棉花黄萎病重病田的黄萎病防治方法	植保	2021
173	鸡粪沼液用于防治棉花枯萎病的应用及防治方法	植保	2021
174	一种棉花脱叶剂助剂及其制备与使用方法	植保	2021
175	棉花打顶增桃剂	植保	2021
176	一种农业用可便于收集的棉花采摘器	收获	2021
177	一种便携式棉花采摘设备	收获	2021
178	一种分控棉花毛籽的脱绒装置	初加工	2021
179	一种棉花烘干机	初加工	2021
180	一种棉花脱脂装置	初加工	2021
181	一种高通量分控棉花毛籽脱绒装置及方法	初加工	2021
182	一种成箱棉花运输设备	初加工	2021
183	棉花样品连续取样检测方法	检测	2021
184	一种棉被生产用弹棉花高端装置	深加工	2021
185	一种纺织棉花粗加工设备	深加工	2021

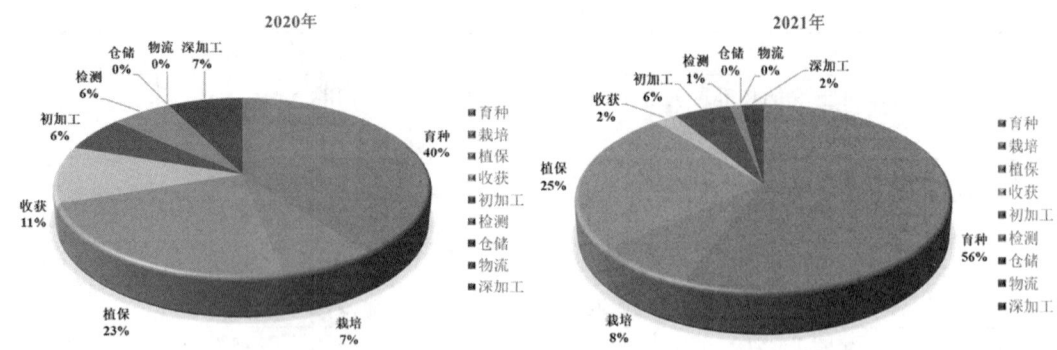

图 5-7 2020—2021 年度涉棉专利主要内容概况

5.4 小　结

本章主要由安徽财经大学张雪东老师主笔撰写,周万怀老师、李浩老师负责协助数据收集和分析,刘从九和徐守东老师负责审查。文中所采用的数据均来自国家自然基金委(National Natural Science Foundation of China,NSFC),国家知识产权局(China National Intellectual Property Adminstration,CNIPA)以及中国知网(China National Knowledge Infrastructure,CNKI)等官方权威数据。这里对本章中的数据来源单位,对内容起到帮助的引文作者及相关单位表示衷心的谢意!

附录 2020/2021年度棉花行业大事记

附录1 完善棉花加工工业标准体系

棉花加工工业标准体系的建设立足于我国棉花加工业的长远发展，面向全球范围，着力提高棉花加工工业技术水平，增加棉花加工产品的市场竞争力，对保障我国"三农"政策和中国制造2025的顺利实施具有重要意义。

先进的棉花加工技术标准将对社会产生良性的技术导向作用，引导资金流向和市场取向，有助于经济结构调整目标的实现。运用标准的手段，有利于淘汰落后的产品、设备、技术和工艺，压缩过剩的棉花加工能力，推广先进技术和加工工艺，促进国家产业统筹规划、突出重点、合理布局，从而实现国家棉花产业结构的战略调整。

2020年新增9项行业标准的发布实施，分别是GH/T1303—2020《棉花电子仓单 通用要求》、GH/T1304—2020《籽棉回潮率 微波测量仪》、GH/T1305—2020《籽棉颜色测试方法》、GH/T1306—2020《籽棉颜色检测方法 光电法》、GH/T1317—2020《棉花仓储管理规程》、GH/T1318—2020《棉花热解产物鉴定方法》、GH/T1319—2020《棉包红外成像温度测量装置》、GH/T1320—2020《棉花仓库分布式光纤温度监测技术规范》、GH/T1189—2020《液压棉花打包机试验方法》，为实现棉花仓储物流和贸易结算、质量检验、保险理赔等精准对接和高效服务提供了标准化支撑；指导和规范了籽棉回潮率微波测量仪的设计、生产、检验和使用，提升籽棉回潮率检测的技术水平，有利于提高籽棉收购检验效率；为智能化籽棉收购及加工系统的开发提供了技术支持，并对实现棉花加工自动化、精细化、智能化控制提供了技术方法支撑；从不同层面对于促进棉花仓储库的科学、安全防护及管理建设具有积极的指导和参考作用，为国家棉花仓储库建立科学、完善的管理体系奠定了基础，对全面提升我国棉花仓储安全保障能力具有重要意义。

2020年3项行业标准通过专家审查，分别是《棉花加工智能控制系统技术要求》、《铣齿机》和《籽棉杂质含量快速测定近红外光谱法》。《棉花加工智能控制系统技术要求》行业标准规范了棉花加工智能控制系统的主要技术要求，以先进的在线检测技术、控制技术、信息技术为手段，解决了我国棉花加工过程中信息化、智能化水平低的"瓶颈"问题，对棉花加工提质、增效、降本，真正实现"因花配车"，具有重要意义。《铣齿机》行业标准的修订，提高了我国铣齿机的技术水平，促进剥绒锯片的循环利用，为棉花加工企业降低了加工成本，具有十分重要的作用。《籽棉杂质含量快速测定 近红外光谱法》规范了籽棉植物性杂质含量快速检测方法，为提高籽棉植物性杂质检测效率提供了科学有效的方法。

2020年新增立项5项标准研究项目，分别是《棉花加工企业服务指标要求与评估方法》

《棉短绒加工技术要求》《梳棉胎加工技术要求》《棉花包装材料加工企业质量评价方法》《棉花包装材料加工技术要求》，截至2020年底已在行业专家会上进行首次研讨。通过标准的制定，推动技术进步，保障生产安全和产品质量，实现以标准引领和推动我国棉花加工产业的结构转型升级，提高我国棉短绒和梳棉胎的加工水平和质量，护航消费安全，增加企业和棉农经济效益。

附录2　推进标准国际化工作

根据国家"十三五"规划、《标准联通共建"一带一路"行动计划(2018—2020)》的工作要求，进一步提高我国棉花加工标准的国际影响力，促进我国与"一带一路"沿线产棉国进行棉花加工技术与标准体系的交流对接，加强棉花加工领域国家标准外文版工作，标委会组建了"全国棉花加工标准化技术委员会标准外文版工作组"，拟定了工作组工作计划框架和工作细则。

GB/T 35834—2018《机采棉加工技术规范》和 GB/T 29885—2013《棉籽质量等级》2项国家标准外文版项目通过专家评估并上报国家标准化管理委员会立项。行业专家对在研的 GB/T 21308—2007《皮棉清理机》和 GB/T 35187—2017《棉包信息管理技术规程》2项国家标准外文版进行深入论证，2项标准已进入征求意见阶段。

积极推进标准互认。GB 6975—2013《棉花包装》（强制性国标）和 GB/T 32340—2015《棉花包装用聚酯捆扎带》2项国家标准英文版的发布实施，有助于标准的国际交流，进一步提高标准的国际影响力，促进我国与"一带一路"沿线产棉国进行棉花包装材料的技术交流与标准体系对接，推动棉花包装材料在"一带一路"线上的技术标准体系对接。

在做好乌兹别克斯坦国家技术标准对接工作的同时，将技术标准与产品延伸至哈萨克斯坦等中亚及非洲产棉国。对推动我国新型棉花包装材料走向国际棉花包装市场发挥了积极作用。乌兹别克斯坦是全球第五大产棉国，年产皮棉120万吨左右，受我国棉花包装改革的影响，渴望得到新型包装材料，但是试用了德国、美国等聚酯捆扎带材料均不能满足要求，而中国的新型棉花包装材料通过了乌兹别克斯坦商务部、乌兹别克斯坦棉花协会等部门的联合试验与检测，基于对中国南通御丰棉花包装的测试结果，强度特性符合乌兹别克斯坦棉花包装要求，因此根据这方面的技术特征，乌兹别克斯坦国家标准 O'z DSt-841 做出了相应的修订，引入了中国标准中的高强度指标（单根断裂强力与焊接强度），经过修订后的乌兹别克斯坦棉花包装材料的新标准符合美国棉花加工协会推荐的棉花打包材料参数，符合国际棉花包装标准 ISO 8115—1986，符合中国棉花包装技术要求 GB 6975—2013《棉花包装》。

将标准体系中先进的标准推出国门，积极推进标准互认，做好"一带一路"标准工作，真正做到以标准"走出去"带动产品、服务、装备和技术"走出去"。

附录3 完善棉花物流标准体系

2016 年 3 月 17 日，国家发展和改革委员会、中华全国供销合作总社等 10 部门联合印发了《关于加快棉花现代物流发展的指导意见》，明确要求"积极推进棉花物流信息化、标准化和装备现代化建设"。加快推进棉花加工、检验、包装、运输、仓储、装卸、配送等环节相关技术标准物流设施设备标准、安全作业标准的制修订工作；研究制定数据采集、数据交换、信息管理等信息类标准。期间制修订《棉包信息管理技术规程》《籽棉打模机》《籽棉运模车》《棉模开松喂料机》等国家标准和《棉花加工企业棉包货场数字化标识技术条件》《棉花皮棉货场技术规范》等行业标准的基础上，根据行业发展需要，2020 年发布实施《棉花仓储技术规程》《棉花电子仓单通用要求》《棉花仓库分布式光纤温度检测技术》等标准，完善了棉花物流标准体系。

棉花作为重要的大宗商品，仓储、运输、交易等生产活动活跃，仓单交易需求持续增大。传统的棉花纸质仓单在棉花流通过程中随货同行，在交易流转时易损坏、伪造，流转缓慢。电子仓单属于约定的数据电文范畴，与纸质仓单比较，电子仓单使用合法可靠的加密电子签名，存储安全，方便下载，有效防止伪造，无须见面或邮寄即可实现实时的查阅保存，自行验证已有签名的真实性。《棉花电子仓单》标准的制定对棉花电子仓单的注册、流转和注销过程实现科学管理，对棉花仓储物流和贸易结算、质量检验、保险理赔等提供精准对接和高效服务，对行业未来发展具有重要意义。

附录4　建立棉花产业服务指标与评估体系

　　棉花产业服务指标与评估方法是有效评价棉花服务及品牌,进而提出优质服务于品牌管理改进建议的主要手段之一,也是品牌所有者及管理者关注的核心问题。我国棉花行业产业模式已开始由数量扩张、粗放经营向注重质量、打造品牌转变,品牌建设取得了一定的成效,已涌现出了一批行业品牌,也已成为经济和行业发展的中坚力量。但同时也要看到,我国棉花行业优质服务及品牌发展的基础还比较薄弱,品牌知名度的提高仍然滞后,在国际市场中,我国知名品牌少,没有真正树立起"中国制造"的品牌大国形象。

　　标委会积极推进棉花产业优质服务指标与评估方法标准制定工作,依托中国棉花协会工业分会和中国棉纺织行业协会,对中华棉花集团有限公司等大型棉花企业及棉花产品的优质服务指标与评估方法进行评价。《棉花产业服务指标要求与评估方法》是有效评价棉花服务及品牌,进而提出优质服务于品牌管理改进建议的主要手段之一,也是品牌所有者及管理者关注的核心问题。在新的时代背景下,以品牌建设推动供销合作系统深化改革,构建特色鲜明的供销合作行业品牌价值评价体系,对于充分发挥供销合作社独特优势具有重要作用。《棉花包装材料加工企业质量评价方法》《棉花包装材料加工技术要求》2项标准的制定,提高了棉花包装产品质量水平,促进了棉花包装行业进步,推动了棉花包装高质量发展。

附录 5　开展系列公益讲座和线上培训活动

　　按照国家市场监督管理总局标准技术管理司的总体部署,为发挥标准化作用,助力新冠肺炎疫情防控和企业复工复产,棉加标委组织开展了 2 期"标准云课"系列公益讲座活动,同时,针对新疆地区开展 6 期"棉花检验加工技术与标准化"线上培训活动,累计培训 1600 余人次。培训活动紧紧围绕"标准引领技术进步,助力棉花产业高质量发展"的主题,立足于标准"服务行业,服务产业,服务企业"的宗旨,推动标准化技术组织,发挥人才技术优势,积极服务疫情防控和企业复工复产。

附录6 提高标准制修订水平

为落实《深化标准化工作改革方案》和《中华全国供销合作总社标准化管理办法》,提升标准化的活力,标委会对棉花工业标准体系中已制修订的国家标准28项(其中强制性国家标准2项)、行业标准52项进行初步梳理,清理不适应行业发展的老龄标准,对实施周期达到5年的标准进行复审,其目的是摸清标准内容的应用与适应情况,以增强标准及标准体系的适应性和生命力。

附录7 中国棉花协会标准化工作委员会成立

2021年8月16日经理事会审议通过,决定在协会秘书处下设立"中国棉花协会标准化工作委员会",主要开展团体标准制修订工作,其主要职能包括团体标准立项、组织标准制修订、推动相关标准体系建设、设计标准发展路线、促进标准间交流及互认。委员会主任为赵婧,副主任为吴晓红、胡蝶。

附录 8　中国棉花加工行业产业发展报告

2021 年 2 月至今,中国棉花协会棉花工业分会牵头,由全国棉花加工标准化技术委员会、中华全国供销合作总社郑州棉麻工程技术设计研究所、中华棉花集团有限公司、北京智棉科技有限公司、山东天鹅棉业机械股份有限公司、邯郸金狮棉机有限公司、南通棉花机械有限公司、南通御丰塑钢包装有限公司、晨光生物科技集团股份有限公司、石河子大学等单位组成的专家组撰写《2020 年中国棉花加工行业产业发展报告》,其主要内容被《2020 中国棉花产业发展蓝皮书》采用,全文在《中国棉花加工》期刊上发表,这标志着《2020 年中国棉花加工行业产业发展报告》成功发布。

附录 9　全国棉花加工标准化技术委员会 2020 年度工作会议

全国棉花加工标准化技术委员会于 2020 年 12 月 24 日在北京召开 2020 年度工作会议。总社科教社团部副部长林元达和标准质量处处长何为子、中华棉花集团有限公司总裁何锡玉等领导出席会议并讲话。会议还对《棉花产业服务指标要求与评估方法》《棉花包装材料加工企业质量评价方法》《棉花包装材料加工技术要求》等 3 项行业标准进行了审查。

附录10 中国棉花协会四届五次理事会

中国棉花协会四届五次理事会于2021年7月30日以通信形式召开。大会通过投票的方式,审议通过了《中国棉花协会棉花工业分会、贸易分会相关负责人变更的建议案》《中国棉花协会关于变更理事单位理事的建议案》《关于建立中国棉花协会标准化工作委员会开展团体标准制修订工作的建议案》。

附录 11　中国棉花协会参加国际棉花协会合作委员会咨询组会议

2021年3月,国际棉花协会合作委员会(CICCA)咨询组会议通过线上视频会的形式召开,中国棉花协会副会长兼秘书长王建红作为代表中国棉花协会参加了此次会议。本次会议主要讨论了近期印度政府决定对2021年印度进口棉花征收10%关税一事。印度棉花协会(CAI)致信印度财政部、财政部、行政改革和公众申诉部等政府部门反对进口棉征收关税。CICCA也致信印度财政部,就此事表达关切,并指出此举将阻碍国际棉花贸易,预计造成印度棉花进口量减少10%,同时不利于印度纺织工业的长期发展。印度棉花协会就此事进展与CICCA成员进行了沟通交流。

附录12　中国棉花协会与国际棉花协会举行视频会议

2021年3月,中国棉花协会应邀与国际棉花协会(ICA)举行线上视频会议。双方首先回顾了已签署十年之久的两协会合作备忘录,认为在合作备忘录的框架下,多年来的交流与合作颇有成效,未来将继续加强。随后,双方就过去一年的世界及中国棉花贸易情况进行了回顾,指出受新冠疫情对世界棉纺织行业冲击影响,近期贸易纠纷与仲裁事件高发,未来双方计划就减少不履行ICA黑名单中国企业、建立贸易规则培训机制、加强中国企业诚信体系建设等方面加强合作。ICA对中国棉花协会坚决维护棉花贸易秩序、合约神圣性,推动仲裁结果执行的态度表示赞赏,并提出未来愿意就中国开展贸易及仲裁规则培训提供大力支持。

附录13　中国棉花协会与美国国家棉花总会举行视频会议

2021年2月24日,中国棉花协会与美国国家棉花总会(NCC)举行线上视频会议,交流中美两国2020/2021年度棉花形势及双方棉花可持续发展项目。美国国家棉花总会会长兼首席执行官加里·亚当斯博士介绍了新冠疫情影响下美国棉业遭受的冲击,2020年美国服装销售额二季度环比下跌近60%,后逐渐回升,至四季度环比下跌10.9%,疫情期间电子商务的服装销售环比出现小幅增长趋势。去年美国棉花生产遭遇严重的旱灾和飓风,导致产量大幅减产,从上一年度的433.5万吨降至325.6万吨,减产约百万吨。美方指出中美第一阶段协议的执行增加了美国向中国的棉花出口,对提振美国棉花贸易做出了贡献。2020年出口中国、越南、巴基斯坦三国的棉花占美棉总出口量的60%以上,其中中国进口98万吨。

新年度受到国际棉价上升趋势提振,预期棉花产量较上年持平略增为364.2万吨,90%以上仍用于出口,自用比例小幅增加为59.9万吨,库存将维持在历史较低水平。此外,美方着重介绍了其2019年开始试点、2020年正式推出的项目"美棉信任守则",该项目致力于改进棉田管理实践,降低对环境的不良影响,增加棉花生产的可持续性与可追溯性,倡导终端品牌企业使用美国可持续棉花。

中国棉花协会副会长兼秘书长王建红向对方介绍了新年度中国棉花生产及市场形势,以及可持续项目"中国棉花"的相关情况。双方就未来两国棉花生产、可持续发展等问题开展了充分交流,并表示两国棉业组织的交往与合作对促进两国棉业加深理解与相互信任至关重要,希望未来保持定期沟通。

附录14 中国棉花协会与海关总署税收征管局签署合作备忘录

2020年11月26日,中国棉花协会与海关总署税收征管局(京津)在北京共同签署合作备忘录。中国棉花协会王建红副会长和海关总署税收征管局(京津)张旭副局长分别代表双方在合作备忘录上签字。双方本着平等互利、优势互补的原则,将建立长久合作关系,持续为行业、为企业提供更好、更优质的服务与营商环境。中国棉花协会与海关总署税收征管局(京津)一直致力于通过沟通,协调解决行业内存在的进出口相关问题。此次合作备忘录的签署标志着中国棉花协会与海关总署税收征管局(京津)的合作进入了一个新的阶段,双方将继续秉承服务企业的原则,在信息交流、企业自律、行业培训等领域深度展开合作,建立更加持续、稳定的合作关系,努力推动行业资源共享和优势互补。中国棉花协会将认真落实合约中相关责任义务,积极配合税收征管局工作,及时反映行业诉求,对行业发展重点、难点问题进行深入研究并提出政策建议,为我国棉花产业高质量发展做出贡献。

附录15　中国棉花协会参加2020国际棉花协会合作委员会年会

2020年11月,国际棉花协会合作委员会(CICCA)年会第一次以线上视频会议的形式召开,中国棉花协会派员参加。本次会议主要议题包括目前疫情对全球棉纺织产业链的影响及举措,孟加拉棉花协会申请加入CICCA,成立CICCA贸易纠纷调解委员会以及修改CICCA章程等。会上,主席Cliff White指出受近期欧美第二波疫情影响,纺织需求将持续走低,但鉴于年初产业链已经受过全球经济停滞带来的一系列挑战,希望此次疫情高峰期间,产业链各方能够吸取上次经验,更好地应对疫情对全球棉纺织贸易带来的不利影响。此外,会议还通报了CICCA调解委员会和CICCA扩员的最新进展,审议了2020年度账务并通过了2021年度预算以及其他事项。

CICCA是由主产棉和用棉国棉花协会组成的国际性棉业组织,维护合同的神圣性、执行棉花国际贸易仲裁裁决,为全球棉花贸易提供公平的竞争环境是其主要宗旨,目前有18个成员国协会。

附录16 2020中国棉业发展高峰论坛

2020年10月30日,中国棉业发展高峰论坛在安徽省合肥市开幕。论坛由中国棉花协会主办,自2004年起每两年举办一次,今年为第九届。本届论坛主题为"坚守与开拓:新格局下棉业的创新发展"。来自国内有关政府部门、行业组织、棉商和纺织企业代表近400人参会,同时邀请国外相关机构做了视频发言,围绕新发展格局下中国与全球棉业深层次发展进行交流、探讨。

农业农村部、海关总署、国家市场监管总局、国家统计局、中华全国供销合作总社、中国农业发展银行、中国纤维质量监测中心、国家气象中心、中国纺织品进出口商会、中国棉纺织行业协会、中国服装协会、安徽省供销合作社联合社等部门和机构的负责人、专家学者,以及产业链棉农、棉商、纺织服装企业等各环节代表参加了开幕式。